原 英史
真柄昭宏

官僚が使う「悪徳商法」の説得術

講談社+α《プラスアルファ》新書

はじめに——説得術が変わるとき社会が変わる（真柄昭宏）

説得とは、相手に納得のうえで行動してもらう行為です。ポイントは、相手の納得感の大きさ。相手の納得感のベースは、話し手に対する信頼感、楽に理解できる簡単さ、本音の欲求に合致したお得感などと考えられます。こうした納得感をもたらす説得には、相手についての深い理解、すなわち人間洞察力が不可欠です。

この本は、「官僚の説得術」に焦点を当てます。官僚主導という言葉に象徴されるように、官僚の説得術は日本最強の説得術だと考えられるからです。

この官僚の説得術は、文字や言葉にされることなく、官僚組織のなかで先輩から後輩に引き継がれるものでしたから、外部の者にはうかがい知ることができませんでした。しかし、この本では、二〇〇九年に経済産業省を退職した脱藩官僚の原英史《はらえいじ》さんに、自らの経験に基づいて官僚の説得術を語ってもらっています。

原さんは現役官僚当時、悪徳商法対策、国際交渉、公務員制度改革などを担当しました。

また、米国でのロビイスト研修、シカゴ大学ロースクール留学など、日本の官僚の説得術を相対化できる経験を持っています。原さんは、この本で、官僚の説得術と悪徳商法に、奥底で共通する人間洞察があると喝破《かっぱ》しています。

私は大臣政務秘書官、自由民主党幹事長特別秘書、衆議院議員政策担当秘書などとして、官僚の説得術を受ける側で職歴を重ね、千葉商科大学大学院で、事実と認識が乖離《かいり》するメカニズムについて学びました。単に官僚の説得術を礼讃《らいさん》したり批判したりするのではなく、具体的なエピソードについて理論を用いて理解し、さらに、奥深く人間洞察を行うことで、読者の方々がご自身の説得術を作り上げていくサポート役を演じたいと思います。

この本にある霞が関流の資料の作り方の技法には、会社で会議用資料やプレゼンテーション用資料をつくるときのヒントがあると思います。また、霞が関流の信頼を得る手法のなかに、営業マンのみなさんが得意先の信頼を得るときのヒントがあると思います。

この本を一番読んでもらいたい人は、これから重要な案件についての説得を行う人、あるいは、これから重要な案件について説得されようとしている人です。ぜひ、説得する前、説得される前に、この本の最後にある「補論」の「説得術の奥義」をお読みください。

ここに説得における「最強の矛《ほこ》」というべき「オフェンス用の説得の要点」があります。

また、簡単に説得されないための「最強の盾《たて》」というべき「ディフェンス用のだまされぬ要点」があります。特に、自分は悪徳商法に引っかかりつつあるのではないかと不安な方や、自分は官僚主導に陥りつつあるのではないかと心配な政治家のみなさんに、読んでいただきたいと思います。

説得するための「最強の矛」と、説得されないための「最強の盾」が激突して決着がつかないときには、この本の「付記」の最後にある「一回きりではない関係での説得術」を読んでください。これは新しい時代の説得術として提起するものです。

いま日本は、「失われた二〇年」といわれる長いトンネルの出口にあります。

その長いトンネルの入り口のバブル期、女性が結婚相手に求める条件は「高学歴・高年収・高身長」の「3高《さんこう》」といわれていました。しかし、「失われた二〇年」の出口で、女性が結婚相手に求める条件は、男性の「仕事観・金銭感覚・育った環境」が自分と同じという「3同《さんどう》」といわれているそうです。

女性に対しては、男性の高学歴・高収入・高身長が必ずしも結婚相手を選ぶときの説得力にならない時代になったようです。そして、男性が結婚についての説得力を持つためには、「3同」の条件に適合しなければなりません。そのためには、相手の女性の「仕事観・金銭感覚・育った環境」をよく理解するところから始めなければなりません。

このことは「失われた二〇年」を超えた時代の説得術に根本的な変化が起きる予兆《よちょう》のように思われます。説得術が変わるときは「信頼・理解のための簡便な手法・動機」が大きく変わるときです。そして、それは本当に社会が変わるときで、「失われた二〇年」が終わるときとなるでしょう。

この本が、みなさん独自の説得術づくりの役に立てば幸いです。

なお、本書に登場する人物の肩書や省庁名などは、特にことわりのない限り、当時のものとさせていただきました。

二〇一三年四月

真柄昭宏《まがらあきひろ》

目次◉官僚が使う「悪徳商法」の説得術

序　章　霞が関の門外不出の秘伝

民主党による消費税増税の背景——真柄

二〇〇九年に戦後日本初の本格的政権交代がありましたが、その後の三年間で政権交代は大失敗だったことがはっきりしました。なぜこんな結果になってしまったのでしょうか。その総括はこれからでしょうが、私はこの問題を民主党の大失敗としてではなく、官僚の説得術の大成功としてとらえてみたいと思います。

野党時代にあれだけ脱・官僚主導を唱えていた民主党が、二〇〇九年に政権をとるとコロッと官僚主導に馴染《なじ》んでしまいました。消費税増税に反対していた民主党がある日突然、「消費税増税が必要」といい出しました。これを民主党国会議員の資質問題としてとらえるのではなく、政治家を動かす官僚の説得術の凄《すご》さとしてとらえてみましょう。

そんなに凄い説得術ならば、それを国民で共有したほうがいい。そのことが日本の閉塞《へいそく》状況の打破と新しい発展に寄与するかもしれません。これがこの本の一つ目の問題意識です。

そしてもう一つの問題意識は、そんなに凄い説得術で主導権を握ったとしても、結局、日本の閉塞状況はより悪化しただけだということです。説得術は凄いのですが、その使い方に何か問題があるのではないでしょうか。凄い説得術を正しく使って良い結果を出すにはどうしたらいいのでしょうか。

私は二〇〇一年から二〇〇四年までの間、竹中平蔵《たけなかへいぞう》経済財政政策担当大臣の政務秘書官として政府に入ってみて、官僚が「政治家を動かす」現場を直《じか》に体験することができました。相手の心理を見抜いてYESに追い込んでいく説得術は、日本の民間でそれを上回るとすれば、「悪徳商法のスキル」くらいしか思いつきません。

そんな観点から、私は、いつか官僚の説得術を体系的に勉強してみたいと思っていたところ、本書で最高の解説者にお話ししていただく機会を得ました。現役官僚時代には見事な説得力を持っていた原英史さんです。原さんの特筆すべきところは、凄い説得術を正しい意図で使っていたところです。ぜひ、この本で官僚の説得術の真髄を語ってください。

日本最強の説得術と悪徳商法——原

私は、二〇年ほど役所に勤め、官僚をやっていました。でも、私はごく真面目な官僚でしたから、「政治家を動かす」などと大それたことは、一度もやったことはありません。まして、「悪徳商法のスキル」などという、そんな恐ろしい技術を自分が使うなど断じて考えたことはありません。これは、あらかじめ、きっちり申し上げておきたいと思います。

ただ、私がお役に立てるかなと思ったのは、役所でずっと仕事をしていましたので、官僚の仕事の仕方はよく知っています。たしかに、周囲には「政治家を動かす」という感覚で仕事している官僚たちが大勢いました。

そして、役所を辞めたあとは政策コンサルティングの仕事をしています。ここで、政と官の接する世界を、ちょっと離れた視点で観察する機会にも恵まれました。

それから、これはたまたまなのですが、通商産業省・経済産業省での勤務中、私は「通商交渉」と「悪徳商法」に関わる期間が長かった。「悪徳商法」は、もちろん取り締まる側だったわけですが、やり口を調べるなかで、「ああ、こうやってだますのか」と、その手法に感心してしまうことも少なくありませんでした。

こうした経験上思っていたのは、「政治家に対する官僚のご説明」でも、「悪徳業者のセールストーク」でも、「外国政府との通商交渉」でも、説得のやり方には共通したところがあることです。ゆえに、それぞれの領域を超えて、一般のビジネスなどにも応用できる可能性は高いでしょう。

ところが残念ながら、こういう技法は、体系的に「マニュアル」化はされていないことが通常です。官僚組織や悪徳業者など、それぞれの世界で、「門外不出の秘伝」のような感じで、先輩から後輩へと受け継がれているわけです。

そこで、「官僚の説得術」を体系的に整理してみよう、というのがこの本の意図するところですね。これは、たいへん研究する価値が高いと思います。なぜかというと、まず、真柄さんもご指摘のように、政治家をコロッといいくるめてしまう、これは、実は凄いことだと思うのです。

政治家というのは、私のここ二〇年ぐらいの観察によれば、日本人のなかではかなり異質な生き物です。権力志向ギラギラで、闘争と謀略を愛し、その経験上、裏切りと嘘には敏感な場合が多い。まあ、あくまで一般論ですが、そういう資質と志向を持っていなければ、選挙を勝ち抜き、政治闘争で生き残ることはできないでしょう。

ところが、そういう異型《いけい》の肉食人種たちをコロッといいくるめているのが、官僚たちです。とすれば、この技法は、実は、日本最強の説得術の一つなのではないでしょうか。

最強の説得術を国民の共有財産に――真柄

冒頭から原さんは重要な点を指摘されました。

官僚サイドから政治家のどういう側面を見ているのか――それは、その人の建て前ではなく、本音の欲求です。本音の欲求こそ、その人が何かを判断する際に優先されるもの。多くの人は、建て前で語られることが相手の本音だと思ってしまう。しかし官僚は、建て前の奥底に潜むその人の本音の欲求を見ているということです。

人は本音の欲求を最優先課題として生きている。だから、その政治家の本音の欲求を満たすこととセットにすれば、政治家には重要でなくとも官僚組織にとっては最重要の課題について、官僚が政治家をコロッといいくるめることができるのだと思います。

人間の根源的な欲求に着目して説得しているということは「悪徳商法」でも行われているのではないでしょうか。

つまり、建て前とは別の本音の欲を見せなければ、官僚にいいくるめられるリスクも、悪徳商法にひっかかるリスクも、軽減できるのかもしれません。

ところで、相手が口にしている建て前を見るのではなく、その奥底の本音、根源的な欲求を見るというスキル自体に善悪はありません。そのスキルを悪用するから悪いのです。そのスキルを悪徳業者が用いれば悪い結果を生みます。そのスキルを良い目的に使えば良い結果を生み出せるのではないでしょうか。

そして「悪徳商法」的スキルがわかれば、自分の心理状況を自己分析して、「いま自分は本音の欲心を見すかされて『悪徳商法』的スキル＝最強の説得術で説得されようとしているな」と、自分自身を醒《さ》めた目で見ることができるかもしれません。それは大事な消費者教育であり、政治教育です。

政治家サイドから見た場合、霞が関はコスト無制限の「究極のサービス業」に見えます。それは、何かを実現しようとするとき、その付属サービスとして、相手が本音で求めているものを提供する力があること。テレビ通販にたとえていえば、パソコンを販売するときにデジタルカメラやカラープリンターも付けるようなものです。

そもそも、英語の「サービス」という言葉には、「公務」という意味が含まれています。だから官僚（公務員）はサービスそのものであり、国民に対する究極のサービス業なのです。

民間との違いは以下の点です。第一に、官僚のサービスコストは税金から支払われること。最終的には国民負担です。第二に、組織の利益を守るためのサービスがコスト無制限で行われるリスクがある点です。

多くの人は、社会人になったとき、みな世の中の役に立つ人になろうとしますが、いったん組織に帰属すると、帰属する組織自体が奉仕の対象になってしまいがちです。そして、帰属組織（会社、部、課）の利益を守ることを目的に、その手段としてのサービスが行われます。

サービスにはコストがかかります。民間の場合には、サービスを無制限にできません。しかし、官僚のサービスの対価は、説得術の対象者が支払うわけではなく、国民が税金として支払います。一方、悪徳商法の場合には、サービスの対価は対象者が高いツケとして支払うことになります。

ですから、官僚とまったく同じサービスが民間にできるわけではありませんが、相手の本音を見抜いてその要望を満たしていくことについては、多くの学ぶ点があるように思います。

それでは早速、原さんに、国民負担のもと霞が関に蓄積された「門外不出の秘伝」を明かしていただき、日本最強の説得術を、国民の共有財産としてシェアすることにしましょう。

第一章　「戦わずして勝つ」——信頼と説得のコストの関係

豊田商事の「五時間トーク」とは――原

説得術の話に限りませんが、「戦わずして勝つ」というのが最善の戦法でしょう。説得の場面なら、相手から全幅の信頼を得ていれば、「ちょっといいづらい話なんですが……」と、二言、三言話しかけただけで、「わかった、君のいうことだから」で終わってしまうこともあります。

これは、悪徳商法でもよくあります。たとえば、リフォーム詐欺《さぎ》などだと、お金のかかる話を始める前に、ちょくちょく家を訪ねたりする。最初のうち何回かは世間話だけして帰ったり、ときには「樋《とい》がちょっと曲がってたから直しときましたよ。もちろん、こんなのはサービスですよ」などということもある。それで、だんだんに「ああ、いい人だな」と思わせておいてから、「ここは、ちょっと直さないとまずいですよ」という話が出てくる。ここで既に信頼しきっていたら、もうおしまいです。

日本の悪徳商法の大きな源流は、有名な豊田《とよた》商事にあります。事件から二〇年くらい経っても、別の悪徳業者をつかまえてみると、若いころ豊田商事でやり方を学んだ人が幹部になっていることが結構ありました。それくらい、セールス手法として高度に確立されたものだったのです。

その豊田商事のセールスマニュアルには、有名な「五時間トーク」というものがあります。訪問して五時間お話をするというルールでした。

そのうち最初の二時間は世間話にあて、相手の信頼を得るところから始める。もちろん、そのためには、相手が関心を持ちそうなことをいろいろ調べ、勉強していかないといけないわけです。

官僚の説得術でも、これと似たようなことをやっています。榊原英資《さかきばらえいすけ》氏が『財務省』（新潮新書）で書かれていますが、用がなくても議員会館にちょくちょく行って、世間話をしてくるとのこと。私はそういうのは苦手で、用事のあるとき以外は一切行かないようにしていましたが、だから説得ベタでした。財務官僚にとっては、「議員会館通いは日課」なのだそうです。

そして、世間話をするためには、相手が関心を持ちそうな話題を知っていないといけない。そのために存在するのが、『政官要覧』という本です。ここには全国会議員の経歴、選挙区事情などの基礎データはもちろん、趣味や家族構成などまで書いてある。

中央官庁では、どこの課にもまず間違いなく、この『政官要覧』が置いてあります。馴染みのない議員を訪問するときは、必ずこれを見て、話題を考えてから行くわけですね。まあ、これくらいは、民間企業の営業ならみんなやっていることでしょうが。

接待よりも有効なのは勉強会——真柄

　私も大学を出て直《す》ぐに新自由クラブという政党の政策スタッフになったとき、『政官要覧』に政治家の趣味が書いてあるので面白いなと思いました。でも、なぜこんなことが書いてあるのだろう、誰がこんな情報を必要としているのだろうと、とても不思議でした。原さんの話を聞いてようやくわかりました。あれは政治家と会うときに、用件に入る前、親しく世間話するネタとして必要な情報だったのですね。

　原さんが指摘した「戦わずして勝つ」というのは、孫子の兵法「百戦百勝は善の善なるものに非《あら》ざるなり。戦わずして人の兵を屈するは、善の善なるものなり」ですね。戦わずして勝つことの要諦《ようてい》は、事前に信頼関係をつくることだということです。

　ここは意外に知られていないことだと思います。一般に、日本の最高学府を出たエリートである官僚は、その優秀さゆえに、何の努力もなしに政治家から信頼されている印象を持つ人が多いのではないでしょうか。

　しかし、あの元大蔵官僚の榊原英資さんですら、用がなくても議員会館にちょくちょく行って政治家と世間話することを信頼獲得の基本動作としていた。これは驚きです。優秀な能力があるというだけで政治家から信頼されるわけではなく、優秀さに加えて信頼づくりに労力を割いていたのですね。そして、それがいざというときに、「わかった、君のいうことだから」といわせる準備で、「戦わずして勝つ」ことの極意である、と。

官僚主導から政治主導へ、というのならば、それを上回る努力を政治任用スタッフがしてからいえ、ということになりますね。長い年月をかけて、用がなくても議員会館にちょくちょく行って政治家と世間話することを信頼獲得の基本動作とする。それを、政権をとってからスタートしても遅すぎる。これが政治任用スタッフの問題であり、企業でいえば中途採用の任期付きスタッフの問題でもあるのかもしれません。

また、原さんの話を聞いて、二〇代の頃のことを一つ思い出しました。

私が若手国会議員の政策集団のスタッフをしていたときのことです。新たな政策テーマとして農業改革の提言をとりまとめる担当議員の一人が、若き日の大島理森《おおしまただもり》元自民党副総裁でした。あるとき政策提言のとりまとめを持って大島代議士のもとにペーパーの説明に行ったところ、いきなり叱られました。「お前はもっと足を運べ」というのでした。それは、官僚がやっているように、用がなくても頻繁に議員会館に顔を出せ、ということだったのですね。

大島代議士から叱られて十数年後のこと。私が竹中平蔵大臣の政務秘書官になったとき、私ともう一人別の省の大臣秘書官を、わざわざ国会内の大島自民党国会対策委員長室の前に呼び出しました。そして、役所の国会担当者や記者でごった返す廊下で、私たち二人に、「何か困ったことがあったらいつでもここに来い」と大声でいってくれました。

これは役所の人や記者に、この二人には大島国対委員長とのパイプがあるのだぞ、というところをわざと見せてくれたのだと思います。そして、このときの言葉に甘えて、竹中大臣と自民党国対とのパイプをつくることができました。

私は昔から世間話が苦手で、いきなり用件から入るタイプでした。「五時間トーク」のうち、最初の二時間を世間話にあてるなど、とてもできません。しかし、いま思えば、それは相手が関心を持ちそうな話題を知る努力をしなかったということであり、相手の人への関心が少なかったということなのかもしれません。

まずは、相手に深い関心を持って、相手の立場に立って、本音の部分で何を求めているかを考える。そのことを知るために時間をかけてお付き合いする。そのことから信頼を得る。その点は謙虚に学ばなければいけません。

宮沢喜一《みやざわきいち》元首相は、相手の立場に立って物事を考える能力を持っているのが、日本人とユダヤ人の特徴だといっていました。また、日本の地域研究の特徴は、相手国の人になりきって研究することである、というのも聞いたことがあります。こういう特質は、きっと私にも備わっているはずと思ってがんばりたいと思います。

ところで、相手の立場に立つという視点で見ると、政策の勉強が好きな若手政治家に対して、官僚が勉強会をつくってあげるというのは、いちばんスマートで相手の役にも立つ信頼獲得方法ですね。接待などよりもよほど有効でしょう。

政治家を囲む勉強会で官僚は――原

政治家を囲む勉強会というのは、役所ではよくやります。これから有望と目をつけた若手政治家がいると、気の利《き》いた中堅・若手官僚を人選して、定期的な勉強会を企画したりする。表向きはメンバーが自発的に企画したことになっているが、実は、幹部の指示でターゲットを定めて組織的に行っていることがよくあります。

こうした勉強会では、直截《ちょくせつ》に、政策の根回しといった生臭いことはやりません。むしろ役所の仕事とは切り離して、あくまで「有志による個人的な会」と位置付け、参加する官僚たちも「役所の立場とはちょっと違いますが、この会なので本音を吐きますが……」などといって、フランクに発言したりする。しかし、そうやって回を重ねていくことが、役所隠語でいえば「政治家の教育」です。

特に、政策分野の経験の浅い若手議員であったりすると、だんだん役所流の物の考え方に馴染んでいって、「半役人」みたいな政治家ができあがったりする。

それに、何よりも個人間での信頼関係ができます。その場ですぐに生臭いことはしないにせよ、何年か経《た》ったとき、その若手議員が順調に有力議員に成長していれば、そこで、信頼関係を活かす場面が出てくるわけです。もちろん、有望な議員かいなかを見極められるかどうかというのも、官僚たちの眼が試されるところですね。

さらに、こうした勉強会は、政治家にも官僚にもプラスになっている場合が少なくない。ですから、別に否定するわけではありません。政治家たちも官僚に「教育」されているだけではなくて、相互に「教育」するようにしていけばいいのです。政治家と官僚という立ち位置の違いを超え、個人レベルでの信頼関係や一定の共通理解をつくっておくことは、大いに結構なことだと思います。

これは、ビジネスでも使えますね。大枚《たいまい》はたいて贅沢《ぜいたく》な接待をするよりも、会議室で勉強会です。自分たちに都合よく「洗脳」するなどということまで考えなくても、個人として人間関係をつくり、一定の共通理解を醸成しておけば、その後のビジネスでも役に立つ。実際にいろいろな形でやられているビジネスマンは多いですし、これをうまく利用している企業もあります。

うまくやっていくには、一にも二にも、参加して役に立つ勉強会にすることでしょう。内容的に刺激がある、あるいは、なかなか接することのできない有名人が講師に来る、など。

これができれば、多くの人たちを惹《ひ》き付けてネットワークを広げられるだけでなく、自分自身にとっても勉強になるので、まさに一石二鳥です。

自腹を切ってでも行きたい場を──真柄

有望そうに見える若手議員がいつの間にか「半役人」みたいな政治家になってしまう背景には、そうした「政治家の教育」があるのですね。

接待文化は、バブル崩壊以前の私よりも上の世代の文化だと思います。私が高校生の頃は、ゴルフと麻雀《マージャン》とお酒が嗜《たしな》めないと社会では通用しないと思われていました。そして、一九八〇年代、ある上司が接待ゴルフの効果について以下のように語っていました。

「ゴルフ接待は、朝の出迎えから夕方の見送りまで、一日中、その人と一緒に行動することに意味がある。プレーの前後や車中の世間話のなかで、いろいろな情報やヒントをつかむことができ、個人的な人間関係が深まることで、いざというときに電話一本でつながり、相談できる関係ができる」と。

このような効果を持つゴルフ接待は、出世の手段でもありました。私は運動音痴だったこともあり、接待ゴルフを誘ったことも誘われたこともありませんでしたが、幸い、なんとか社会人として生きていくことができました。それは一九九〇年代の構造変化のためでしょう。

バブル崩壊で、接待費が経費節減対象になりました。規制緩和や歳出削減で、政治関係者を接待しても利益を生めなくなってきました。

以前の知識や技術がどんどん陳腐化する一方で、必要な情報はネット上でどんどん公開され、みなが共有するようになりました。それでも、ネットではわからない生の情報を得て、また、人間関係をつくるということは大事だと思います。

たとえば、週末に一日がかりでどこかのセミナーやスクールに一緒に行って、共同体験するのもいいかもしれません。変化は現場で起きていますから、問題の現場を訪ね、共に何かを感じ、学ぶのもいいかもしれません。

「接待」したいと思っている人の関心事項をキャッチしたら、その人が一日かけても、あるいは一泊二日でも行きたい、と思うようなコンテンツのあるセミナーやスクールを仕掛ける。おカネをかけて接待するよりも、むしろ知恵を使って接待の場づくりをすれば、自腹を切ってでもその場に来てくれる。そんな時代が来るかもしれません。

官僚と悪徳商法の共通点――真柄

私が竹中平蔵大臣の政務秘書官だった頃、大臣は何か大きなことを始めるときには、必ず

「アーリー・スモール・サクセスが大事だ」といって工程管理をしていました。小さな成功事例をつくることで、信頼を勝ち得ていくという意味があったのだと思います。

個人が社会のなかで信頼を得るためにも、小さなことから始めることが大切です。若い人がでっかい夢を語るなら、なおのこと小さい成功を積み重ねていくことが大事。なぜならば、その小さい成功の積み重ねが周囲の人からの信頼の源泉になるからです。

信頼とは「賭け」のようなものです。未来のことは誰もわかりません。

信頼とは実にシビアなものだと知ったのは、私がマンション管理組合の理事長をやっていたときのことです。マンションの瑕疵《かし》問題の勉強会で、ある弁護士さんが、「マンションの区分所有者が管理会社を信用するということは、自分は管理会社に騙されてもかまいませんという意味ですよ」と教えてくれました。たしかに、信頼や信用ということは、未来への賭けと同義です。

未来とはリスクそのもの。この人ならば未来においてよい結果を出してくれるだろう、悪いことはしないだろう、成功する確率はかなり高いだろう、そう思うことが信頼です。また、信頼するということはリスクをとっているわけですから、万一、信頼した人が期待通りの結果を出せなくても、その結果は受け入れる、ということです。

普通であれば、そのような信頼を得るには長い時間がかかります。よって、外の人との行き来がないムラ社会では、悪徳商法など蔓延《はびこ》らなかったことでしょう。

慣れ親しんだ生活圏内の人間関係で一生が終わっていたでしょうから、誰がどんな人かは、お互いによくわかっている。だから、よそ者だけ警戒していればよかった。いまでも田舎に行くと、「東京もんには気をつけろ、東京には詐欺師が集まっている」という人がいるようです。それは、慣れ親しんだことのない人は信頼するなということなのだと思います。

過去の歴史と実績の積み重ねこそが、きっと未来においてもよい結果を出すだろうという信頼を生み出す源泉です。だから、小さな事例で信頼を積み重ねるしかありません。

たしかに、近代社会になって都市化が進むと、慣れ親しみが支配する生活圏は崩れ、見ず知らずの人が社会を構成します。見ず知らずの人同士が時間をかけずに信頼するにはどうしたらいいか――そうした心理戦に長《た》けていて、その信頼を悪用するのが悪徳商法です。

なぜ、悪徳商法が出てくる隙《すき》があるのかといえば、近代社会は、見ず知らずの人が信頼し合うために、理解を助けるために簡便化した手法（ヒューリスティックス）で信頼するシステムになっているからです。

私たちは日常会話のなかで、あの人は血液型がA型だから性格が几帳面《きちょうめん》だ、あるいは、あの人は○○県出身だから倹約家だ、などということがあります。もちろん、同じ血液型で性格が几帳面でない人もいるし、同じ県内に浪費家もいるでしょう。ですから必ずしも正確とはいえないけれども、そういう確率が高いと理解することで、簡便に相手のことを理解しようとしています。このように、簡便に相手を理解しようとする手法がヒューリスティックスです。

バブル期に、女性が結婚相手に求める条件は高学歴・高年収・高身長の「3高」といわれていましたが、高学歴・高年収・高身長と結婚すれば確実に幸せになれるわけでもありません。「3高」も一種のヒューリスティックスだったといえます。

信頼の尺度としてよく使われるヒューリスティックスは、家柄、学歴、所属組織など。ですから、最高学府を出た官僚は、それだけで信頼すべき人物だということが暗黙の了解になるわけです。

しかし、昨今、ブランド力のある企業の組織不祥事が絶えません。二〇一一年三月の福島第一原子力発電所事故への政府や東京電力の対応を見て、学歴や所属組織だけを判断材料にして自分の未来を託すような無条件の信頼をしてはいけないと、多くの国民は思ったことでしょう。

それでは、何を尺度に信頼するのか。原点に立ち返り、長い時間をかけて慣れ親しみの関係を築いて、その人物が信頼できるかどうかを見ていくしかない。そうしたなかでも、官僚は、足繁く政治家の事務所に通ったり、勉強会で信頼関係を構築しているから強いのです。

官僚は、コツコツと小さなことから信頼関係をつくることをいまでも実践している。官僚でさえ肩書だけに頼らず、歴史と実績で信頼を得る努力をしているわけです。

ですから、どのような人も、小さなことから少しずつ信頼を積み上げる努力が必要なのだと思います。

官僚の仕事の成否を分けるもの――原

「小さいことからスタートする」というのは、これまた、悪徳商法の基本といってよいでしょう。

リフォーム詐欺で、最初は小さなキズを無料で直してくれたりする、というケースを先ほど述べましたが、これもその例。また、キャッチセールスなどもそうです。街角でターゲットに声をかけて、最終的には高額商品を売り付けるのですが、いきなり「化粧品を買いませんか」などとはいいません。最初は「アンケートにご協力いただけませんか」といってきて、お肌の悩みについて回答しているうちに、いつの間にか化粧品を買う話になっているわけです。

官僚が政治家に接するときも、同じようなことがありますね。一つ例をあげると、役所には国会での「質問とり」という仕事があります。国会の本会議や委員会での質問は、事前に質問する議員のところに官僚が行って、どういう質問をするのか聞き、そのうえで大臣たちの答弁を用意するのです。

そこでは、どれだけ正確に「質問とり」ができるかが、官僚たちの仕事の成否を分ける。「質問とり」が不十分で、何を質問されるのかちゃんとわかっていない状態だと、官僚たちは、ありとあらゆる想定質問を考え、答弁を用意しなければいけないので、まず作業が大変になります。そのうえ、国会審議の場で不意打ち質問をくらって大臣が答弁に窮したりすれば、担当の官僚にはバツが付きます。

そこで、官僚たちは、何とかしてきっちり質問内容を聞き出そうとするわけですが、なかには「質問とり」の上を行く大技を繰り出す場合もある。質問を全部つくって、議員たちに渡してしまうのです。そうすると、国会の委員会の現場では、議員はそれに沿って質問するだけなので、答弁をつくるのは効率的だし、何よりも、すべてシナリオ通りに進行するので一切の混乱が生じない。担当の官僚にとっては、大変望ましいわけですね。

国会でちゃんと議論をしてほしい国民からしたら、そんな学芸会みたいな国会審議は最悪でしょうけれども……。

こういうことは、特に与党議員の場合、議員の側から「質問をつくってほしい」と依頼してくる場合もあります。しかし、それだけでなく、もともとそんな依頼はまったくなくて、野党議員の「質問とり」に行ったはずなのに、いつの間にか話が逆になってしまうケースも少なくありません。

現にそういう場面に居合わせたことがありますが、こういうとき、官僚の側から、いきなり「質問を全部書いてさしあげましょうか」などということはいわない。最初は、「この法案はちょっと複雑なので、先生はよくご理解されているとは思いますが、少し補足説明を」などというセリフから入るわけです。

そういわれれば、議員の側は、なかなか説明は拒否しません。それで、説明のなかに、それとなく質問すべき論点を並べていく。話しているうちに、議員の側から「そこは、ちょっと不明確だね」などというコメントが出てくると、官僚は「たしかに、ここは審議のなかできっちり確認しておいていただくべき点ですね。役所の立場では、本当はここを突かれるのは困るのですが……」などと答えたりする。

そうやって、なんとなく信頼関係ができてくれば、しめたものです。論点がいくつも出てきたあとで、最後の最後に、「いくつも論点が出てきましたので、もしよろしければ、『備忘録』として私のほうで紙にまとめてお届けしましょうか」と提示する。こうなると、よほど記憶力や事務処理能力に自信のある政治家でない限り、まず断ることはありません。それで、三〇分後には、そのまま読み上げられる形の質問全文が届けられるわけです。

しかも、その質問全文には、議員の地元の話がちょっと触れられていたり、至れり尽くせりでまさに完璧。それで、議員の側は、ついそのまま使ってしまうのでしょう。

民主党が禁止した「質問とり」で──真柄

よく、官僚主導に馴染んだ政治家ほど自分は政治主導型の政治家だと自任していることがあります。それは、本人も気づかないうちに、いつの間にか、官僚に国会質問をつくってもらう関係になっていたのでしょうね。しかし、私も、原さんが現役官僚だった当時、原さんの「備忘録」をもらったことがあったかもしれませんから、あまり偉そうなことはいえません。

国会の質疑応答は、爆弾質問でない限り、政府側答弁が一歩踏み込んで新しい見解や情報を述べたところが新聞記事になります。そこで与党議員も、「質問とり」を通じて、こういう聞き方をすればこう答えることができる、というぎりぎりの調整をすることがあるわけですね。政府にしてみれば、国会審議の翌日の新聞紙面が野党の攻撃一色にならないように、与党質問に花を持たせて、何かの新聞ネタを提供するインセンティブもあります。

しかし、いま原さんがおっしゃったように、「質問とり」の段階で、すっかり掌《てのひら》の上で踊らされているリスクが常にあるのですね。

また、党や委員会担当者から質問するように指示が来るのは、数日前です。重要案件に対しては、質問の内容についての指示がある場合もあります。数日間で六〇分程度の質問原稿がつくれるように、日頃から準備をするのが国会議員の政策担当秘書の仕事の基本です。しかし、あまりにも準備期間が短いことが、質問づくりを官僚に頼ってしまう遠因になっているかもしれません。

二〇一二年秋まで、私は中川秀直《なかがわひでなお》代議士のもとで、政策と政局は一体との観点から質問づくりの下作業を担当していました。学者や専門家、必要なときには官僚からヒアリングしながら、政局的視点を加味していくのが基本作業です。

野党になってからは、与党・民主党が官僚の「質問とり」を禁止したことがあったので、こちらも質問の際には一切、役所の「質問とり」を受け付けませんでした。それこそ、質問骨子として「一、経済政策について」という抽象的な項目と要求大臣だけを書いた紙を、前日の夕方までにファックスするだけ。それは官僚のみなさんの労力の削減につながっていると思っていたのですが、原さんのお話を伺うと、かえって、負担をかけていたのかもしれません。

ただし、中川代議士の場合、基本的な考え方は毎日ブログで書いていたので、ブログを分析すれば、想定問答はかなりの程度つくれていたのではないかと推察しています。

アメリカのロビイストはどうする——原

いつの間にか質問をつくってしまう、という話では、悪徳商法と違うのは、別に相手に損失は与えないことです。国会議員の側も、シナリオどおりに質問をすると、やりとりが空転したりすることなく、きっちりと政府側から言質《げんち》をとったような格好のやりとりができる。事情を知らない地元の支援者などの目から見れば、「いい質問したな」と映るわけです。

質疑が終わったあとで、野党議員が官僚に、「どうもありがとう」などといっている場面に出くわすこともあります。これは、本心で感謝していると思います。ただ、もちろん、真剣勝負の質疑をやってほしい国民の側からすれば、共同で詐欺を働いているようなものですが……。

ともかく、こういった格好で、小さいことから積み上げていく、というのは万国共通でしょう。

アメリカには、政治家に対するロビイングを生業《なりわい》とするロビイストが大勢いる。私は官僚時代に一時、ワシントンでのロビイング活動で有力な、ある法律事務所に研修目的で籍を置いたことがあります。そこでは、関係のある議員に対して、いろいろと小さなサービスをやっていました。日々、関連記事のスクラップを送ってあげたり、関心を持ちそうな情報があれば簡単なメモにして届けてあげたり。一つ一つはたいしたことない話ですが、この積み重ねが、いざというときにモノをいうのです。

ワシントンのロビイング会社を舞台にした『ザ・ファイヴ・ハンドレッド』という小説を読みましたが、そこにも同じような話がある。ベテラン・ロビイストの上司が新人社員に、ターゲットにした議員との関係構築のやり方を指導して、「とりあえずは友だち同士でするような簡単な頼みごとから始めるんだ。そうすれば、よからぬことをたくらんでいるのではと勘繰《かんぐ》られることはない」などという場面があります。

ただ、この小説のロビイング会社の場合、ターゲット議員を罠《わな》にはめて、麻薬使用をさせたあとに警察に踏み込ませるなど、めちゃくちゃなことをやりますので、このあたりはやや荒唐無稽《こうとうむけい》。少なくとも日本の官僚は、さすがにこんなことはしていないと思います。

審議会も官僚の説得術の手段——真柄

原さんはアメリカでロビイストの研修をしていたのですね。

在日アメリカ大使館のホームページには、「法案を推進するため、あるいは阻止するために議員に働きかける人たちのことを『ロビイスト』というが、彼らは立法過程のほぼ全段階でその影響力を行使することができる」と書いてあります。そんな影響力のあるアメリカのロビイストも、影響力確保のために、小さなサービスの積み重ねの努力をしているのですね。

ところでアメリカでのロビイングは、アメリカ合衆国憲法修正第一条で認められた、国民が団体をつくり政府に対して請願する権利行使のための手段の一つです。批判されることが多いけれども、必ずしも悪ではありません。

ロビイストの手法には、直接ロビイングと間接ロビイングがあります。ロビー活動公開法が制定されて、議員に直接働きかける直接ロビイングの影響力よりも、選挙区での限りなく選挙活動に近い政治活動を行う草の根ロビイング活動（間接ロビイング）が影響力を持ち始めたといわれています。

一九九四年の中間選挙までは民主党が議会選挙で圧倒的な強さを誇っていましたから、現職議員は落選のリスクがほとんどありませんでした。ところが、一九九四年からは民主党と共和党が拮抗《きっこう》し、現職議員も落選するリスクを持つようになりました。政治家から見れば、いちばん欲しいのは選挙での票。草の根ロビイングの重要性はここにあります。

ワシントンで最も影響力を持っているといわれる人に、グローバー・ノーキストさんという人がいます。彼は増税に反対する草の根団体のリーダーです。しかし、日本ではまだ、草の根ロビイング活動は活発ではないですね。

日本では専門家による審議会が力を持っています。審議会も、官僚の説得術の手段の一つだと思います。官僚から見た場合の審議会とはどのような存在なのでしょうか。

専門家の権威を利用する方法――原

「専門家の権威を利用する」というのは、多くの分野で共通して用いられる説得術の手法でしょう。怪しげな健康食品の通販の広告では、必ずといっていいほど、「○○教授も推薦」といったフレーズが出てきます。「大学教授」といっても、それが聞いたこともない大学名だったり、あるいは専門外の人だったりするわけですが、それでも世間一般には、「大学教授」のお墨付きという重みがある。

これは、役所の説明でもよく出てきます。「この分野の権威である××教授も同じことをいわれています」というもの。これを制度的にやっているのが「審議会」という仕組みです。

役所のいろいろな政策は、審議会において、有識者の議論を経て決まっていくことが多い。そのプロセスによって、「この分野の大家である××教授を座長に、ほかにも多くの専門家のみなさまと議論したうえでの結論です」ということが自動的に担保されるわけです。

伝統的には、こうした審議会というのは、まさに役所の隠れ蓑《みの》。役所がシナリオも報告書の文案も全部用意して、委員の有識者たちは、ちょっとしたコメントをするだけで、しゃんしゃん、というのがよくあるパターンでした。委員たちも、審議会などそんなものだと考えていて、役所のシナリオを根底から覆すような意見はいわない。そんなことをする人は、次からは絶対にメンバーに選んでもらえなくなります。

有識者の側にとって、審議会のメンバーになるということのメリットは大きい。「その分野の権威だと国に認められた」というステイタスであり、また、審議会に入っておくことによって最新の政府の情報をもらうことができるので、研究や論文作成にも役立つ。さらに、大御所クラスになっていくと、審議会の委員長を務めれば勲章の位が一つあがる、といったことも気になるわけです。

事務局機能を掌握すると――真柄

審議会というお墨付き機関を通ることは、説得材料として強い意味を持ちます。他方、審議会を通らない政策は認められないという慣習もあります。国民から選ばれたわけでもない審議会に拒否権を持たせているわけです。

では、審議会の拒否権は誰が握っているのでしょうか。専門家でしょうか。いいえ、何を議題にするかの権限を持つ事務局、すなわち官僚です。

官僚は自分たちが企画した政策の信頼を得るために審議会を利用し、学者も世間から信頼を得るために審議会に入りたがるわけです。もしも、審議会に役所のシナリオを根底から覆すような意見をいう大学教授が入ったらどうなるのか。私の記憶に残る最初の事例は、一九八〇年代の中曽根康弘《なかそねやすひろ》政権のもと、臨時教育審議会（臨教審）での香山健一《こうやまけんいち》・学習院大学教授と文部省の激突ですね。

香山健一さんは、学生時代には全学連の活動家でした。中曽根政権時代には旧全学連人脈がブレーンとして参画し、改革の理論武装を行ったり、日中間のパイプ役になったりしていました。そして、香山さんは猛烈に役所と対立しました。

中曽根首相は、教育改革は内閣レベルで考えるべきとの立場から、文部省ではなく総理府に臨教審を設置しましたが、これに抵抗する文部省と自民党文教族議員に妥協して、事務局は文部省に譲りました。ここから、改革派の香山教授と事務局の文部官僚との対決が始まったわけです。

香山健一さんは、「臨教審は発足直後の第二回総会から、いきなり審議会の運営方法、審議の進め方、教育改革の理念などをめぐって、委員相互あるいは委員と事務局、特に文部省関係者との本格的な論争の場となり、我が国審議会の歴史上先例のない『論争する審議会』となることになった」と述べています。

さらに、事務局主導の審議会運営の問題点について、「権威ある事務局は、審議会等の各委員を分断し、その意見や発言に枠をはめたり介入したり、さらに事務局の特権とされる報道機関との接触や資料作成等を通じて、事前に〝世論操作〟を行うのを常としてきた。（中略）いまなお旧態依然たる〝審議会操作〟を続けることは絶対に容認できない」と批判しました。

しかし結局、香山さんは、審議会の事務局に押し切られてしまいました。改革派メンバーが審議会に参加しても、事務局を掌握していないとうまくいかないことは、一九八〇年代の中曽根康弘首相のもとの行政改革、教育改革、税制改革の成否の分かれ方を見ても明らかです。第二次臨時行政調査会（第二臨調）は国鉄分割民営化に成功しましたが、それは、国鉄分割民営化を担当する第二臨調第四部会で、部会長の加藤寛《かとうひろし》・慶応義塾大学教授が事務局機能を掌握していたからだといえるでしょう。

事務局機能掌握に失敗した臨教審や政府税制調査会では、改革に成功していません。

中曽根首相は政府税制調査会に、一九八五年九月、中川幸次《なかがわゆきつぐ》、飯島清《いいじまきよし》、公文俊平《くもんしゅんぺい》、牛尾《うしお》治朗《じろう》、堺屋太一《さかいやたいち》、江副浩正《えぞえひろまさ》ら一〇名の特別委員を送り込みます。当時、この一〇名の特別委員は「暴れ馬」と呼ばれましたが、「暴れ馬」たちは政府税調が事務局の大蔵官僚ペースで進むのを牽制《けんせい》する目的は果たせませんでした。「暴れ馬」の一人の中川幸次さんは以下のように語っています。

「総勢六〇名という大所帯で、メンバーの大半が利害関係者か、大蔵省の息のかかったマスコミの代表か、学者か、というなかで、素人《しろうと》の暴れ馬が議論をリードすることは到底不可能であった。しかも、事務局は大蔵省主税局である。私は、税調での議論の進行が、臨調・行革審のそれとあまりに違うのにびっくりした」

この中川さんの証言こそ、原さんが指摘した事務局による審議会コントロールの凄さを示しています。政策の内容にお墨付きを与えて信頼の源泉の一つになる審議会は、絶対に手離さないのです。

反対派が出席できない日程調整を――原

小泉純一郎《こいずみじゅんいちろう》政権時代の道路民営化委員会や経済財政諮問会議は、予定調和ではなく、ガチンコで議論していました。昔ながらの役所の審議会とは、異質な世界でしたね。

官僚の側からすると、昔ながらの審議会運営で、鉄則は二つ。一つ目は人選を間違わないことです。

これは、全員を都合のよい人で固めてしまうということではありません。それでは、いかにも「やらせ」に見えてしまい、かえって「権威」を損ないかねません。だから、多くの審議会では、たとえば、消費者代表、市民代表など、官僚の考える路線とは違う立場の人も入れて、「多様な人たちで議論した」という形をつくるのです。

ただ、そこでのポイントは、①役所にとって都合のよい役所サイドの人で多数をおさえておくこと、②反対サイドの人も、最後は「大人の対応」のできる人を選ぶこと。つまり、自分の意見が無視されたからといって、騒いだり、委員辞職したりせず、最後は矛《ほこ》をおさめてくれる、ということです。

二つ目が、事務局を握っておくこと。間違っても、「審議会を委員たち自身で運営しよう」などと考えさせてはいけません。

まず、会議日程の調整です。本来、このようなことは、会議の場でみなで手帳を見て決めてもよさそうなものですが、だいたい裏で事務局が調整します。なぜかというと、役所サイドの有力委員たちの日程を優先するためなのです。

会議メンバー全体では多数派をおさえていても、日程調整をちゃんとおさえておかないと、ある会では役所サイドは声の小さい人ばかりで反対派が優勢、などということになりかねません。以前、野村修也《のむらしゅうや》・中央大学教授が、ある審議会で、「どうも自分が参加できないように日程調整がなされている気がする」といったことがありましたが、反対サイドと目されると、そういうことも起きます。

そして、事務局機能としては、常に先回りして、議論をリードすること。委員たちの議論に役立ちそうな素材を次々に提供し、ちょっと方向性がずれていそうな委員がいたら、個別にきっちり説明して納得してもらい、何回か議論を重ねたら、さっさと「報告書案」を提示する。特に、自分たちで文案をつくることは最重要です。

報告書を委員たちに書かせてしまったら、いろいろと不都合なところが出てきたときに修正が難しい。最初から事務局として書いてしまうのが一番なのです。

郵政民営化で事務局は——真柄

事務局はなぜ、そんなにも力を持つのでしょうか。

フランスの社会学者ピエール・ブルデューは、「代弁者、事務局、集団を排除しようと思うなら、自分たちも、代弁者、事務局、集団を持たなくてはなりません」(『構造と実践〔ブルデュー自身によるブルデュー〕』石崎晴己訳、藤原書店) と述べています。ロシア革命以後、理想に燃えた古い革命家たちが冷酷で現実主義的な党官僚によって駆逐されていくのは、事務局機能を持つ者と持たない者の差に端を発しているといえるでしょう。

ブルデューは、「常任者〔専従者〕とは、その名の示す通り、他の者にとっては副次的な、とまではいかずともパートタイム的な活動にすぎないものに、すべての時間を捧げる者のことです。常任者は時間があります。しかも自分のための時間を持っているのです」（同前）と述べています。ここでいう常任者こそが、左翼政党における書記＝党官僚であり、政府でいえば事務局を握る官僚ということになります。

小泉政権下でいえば、二〇〇二年六月、小泉首相は道路関係四公団民営化推進委員会に猪《い》瀬《の》直樹《なおき》さんなどの改革派を起用しました。しかし、人選された委員全員が改革派だったわけではなく、原案は事務局主導で作成するという在来型の審議会方式となりました。

当然、改革派メンバーから、この在来型の委員会運営に反発する声が出てきます。委員会は、委員長・事務局と改革派委員に分裂しました。そして改革派委員は、議事録が残らない秘密会多用、重要な論点を公開の場で意見集約しない議事運営、最終報告のたたき台の事務局作成などを批判しました。

事務局主導の委員会運営に反発した改革派委員は独自案を出し、事務局案と改革派委員案の二つのいずれにするかを多数決により決定することを求めました。これに対して委員長は、「多数決は議事運営への不信任だ」として委員長を辞任、採決前に会合を退席しました。そして、委員会は改革派委員案を多数決で決定したのです。

しかし、その後も道路公団民営化は、事務局の問題がたびたび指摘され続けました。

このように、道路関係四公団民営化推進委員会のメンバーは分裂し、委員会事務局機能も掌握できなかった。この道路公団民営化の経緯が示すのは、改革を断行する際の事務局を掌握することの重要性。これは小泉首相が郵政民営化の基本方針を経済財政諮問会議で決定することにした要因の一つになったと考えられます。

経済財政諮問会議事務局は、二〇〇三年前半には、竹中大臣が完全に掌握していたのです。この事務局を完全に掌握した経済財政諮問会議で郵政民営化の基本方針を決めたことが、道路民営化との大きな違いです。

ところで原さん、国際交渉ではどうなっているのでしょうか。

国際交渉で事前に行うこととは――原

事務局を握ること、それは審議会運営だけでなく、国際交渉でも使えます。

多くの国の参加するマルチの交渉で合意文書をまとめるときは、ほかの国に文案をつくらせてしまうと圧倒的に不利になります。だから、会議の始まる前に、利害の一致しやすい国の交渉官と組んで共同提案をつくるなどということをやる。会議の場で、それが議論のベースになれば、「では、いまの意見を取り入れて、また修正案をつくります」といって終わることができるわけです。こうなったら、こちらのペースで交渉を進められます。

また、信頼できるネットワークをつくっておくことは、国際交渉でも重要です。まず、交渉の前段階で情報を集める局面ですが、外国政府でも企業でも、どこか組織を相手に交渉するときは、その組織についての情報を集めておくことが必須です。このとき、外側から公開情報だけ集めるのと、内情を知っている人から話を聞くのとでは、精度や情報の質がまったく違います。

次に、交渉に入った局面で、交渉相手やその周囲との信頼関係があるかどうか。これも、交渉の成否を分けます。

最近、日本の若い人たちは国内にこもりがちで、海外留学などを志向しないようですが、これは、日本の交渉力や国力という観点で、たいへん心配なこと。グローバルに仕事をしなければならない時代のもとで、海外にネットワークが乏しいことは、大きなハンディになってしまいます。

中国と交渉するときはどうする——真柄

私も、小さなことから信頼を築きあげていくことの重要性は、日本国内でも海外でも同じだと思います。

私がシンクタンクの研究者として最初に中国を訪問したのは、一九八九年六月四日の天安門事件から約二ヵ月後に開催された日中シンポジウムに参加したときでした。訪中したその日に、北京《ペキン》以外の戒厳令が解除されましたが、訪問地の北京は戒厳令の下。当時、日本政府が中国支援をやめなければ日本人を一人ずつ殺すという脅迫状が日本企業に届いていたときです。

そんななかですから、数多くの日中シンポジウムや交流企画は中止になっていました。しかし、私が参加したシンポジウムは中止にはなりませんでした。このシンポジウム参加者のなかには、奥さんが病気になったという理由でシンポジウムを欠席する研究者もいました。また、シンポジウムに参加した研究者には、遺言状を書き残してきた人もいました。ホテルでは毎晩、日本側参加者だけで集まって作戦会議をしましたが、盗聴されていることを前提に会話をしていました。

こういうリスキーな時こそが、信頼関係を築くチャンスなのです。

面白かったのは、万里の長城を見学にいったときのバスの車内でのこと。バスで隣り合わせになった若い研究者と天安門事件に際したデモの模様の話をしたり、ポーランドの自主管理労組「連帯」主導の政変や、共産党以外の民主党派について、本音の議論ができました。

その後も毎年シンポジウムに参加して、シンポジウムのパターンが見えてきました。数日間の公式シンポジウムのあとに、数日間の地方視察を入れるのが慣例でした。この地方視察に随行するスタッフとは、移動の間、食事の間、夜のホテルで、自由に意見交換ができます。そして、お互いの性格も本音もよくわかる。この地方視察で相互理解を深め、重要なメッセージの伝達をするのです。

このやり方はシンクタンク間だけでなく、国家の指導者同士でも同じようです。二〇一一年八月一七日から二二日まで、アメリカのジョー・バイデン副大統領が中国を訪問したとき、次期最高指導者と目されていた習近平《しゅうきんぺい》副主席が、バイデンの中国滞在中の全日程に同伴しました。二人は一緒に四川《しせん》省の成都《せいと》を訪問しています。

これは冒頭に話のあった、「五時間トーク」のうち最初の二時間を世間話に充てることと同じ効用を生むわけです。国際交渉でも、この時間を惜しんではいけません。

このようにして、ようやく信頼関係ができあがります。そして、信頼関係が構築されることで初めて、耳に痛い話も、友人の忠告として受け止められるようになります。

三年間の民主党政権の対中交渉は、あまりにも稚拙でした。多分、民主党政権の中枢には、中国指導部との個人的な信頼関係がなかったのでしょう。

政権発足当初、民主党は「日米中正三角形論」という過剰なまでのリップサービスをしました。これで日米関係が傷つくと、中国は民主党の予想に反して日本に圧力をかけてきた。それに焦《あせ》った民主党は、一転して対中強硬姿勢を示す。それが中国の逆鱗《げきりん》に触れて報復措置を受けたり、中国からのロビイングの影響かもしれないアメリカからの圧力があると、一気に腰砕けになる。これが民主党政権下の対中外交のパターン。強硬姿勢と腰砕けの繰り返しです。

こういう政権は、諸外国から見れば、不安定要因です。相手にしてみれば、日本政府が腰砕けになるのは悪くないのですが、その結果として自国民の対日強硬世論がコントロールできなくなり、反政府運動につながるリスクは怖いはずです。

民主党政権下で日本が隙だらけになりました。そのため、中国国内にその日本の隙を突こうという勢力が台頭しても不思議ではない。隙のない日本であることが、中国から見ても、対日政策を安定化させるために必要なことなのだと思います。

中国は強硬一点張りの国か――真柄

中国というのは、強硬一点張りで交渉の余地のない国のように見えます。しかし、私のつたない経験からすれば、そんなことはありません。たとえば中国は、何かの問題について、「三つの原則」「三つのノー政策」というようなものを掲げて、交渉相手にしばりをかける交渉をしてきます。この原則について中国は、一切妥協することはないように見えます。

しかし、ある中国人研究者は私にいいました。

「真柄さん、原則には例外が付きものです。交渉はできます」

建て前の議論と本音の議論はまったく別なのです。

私たちがニュースで見るのは、公式見解、つまり建て前の議論です。これとは別に、本音の議論がある。この二重構造は日本にもあるでしょう。本音と建て前です。

問題は、本音の議論は、本当に信頼関係のある人としかできないことです。民主党は、どれだけ中国との信頼関係を築き、本音の議論をしたのでしょうか。

信頼とは、将来のリスクをとること。信頼の源泉は過去の実績です。時間をかけて共に困難な課題を解決する体験を共有して、信頼関係を構築していく。

また、ハト派よりもタカ派の指導者のほうが信頼される傾向にあります。その信頼関係ができなければ、本音の議論はできません。

私のごく個人的な体験ですが、中国の人との個人関係でいえば、一の恩を受けたら何倍かのお返しをしなければ気がすまない、というところにポイントがあるように思います。中国の人を見ていると、恩を受けたままでいることは心理的な負い目になり、耐えがたいことのように見えます。それを何倍かにして返すことで気持ちが落ち着くように見えます。

これは「互酬」や「互恵」という言葉では表せない独特の関係です。こうした東洋的な信頼関係が積み上がっていけば、日本と周辺国の関係も落ち着くのではないかと思います。

日本の国益を立脚点としながら、相手の置かれた立場を十分に理解し、高度な戦略的観点・大局的観点から問題を解決することが重要であると論理的に説明すれば、中国との交渉は可能だと思います。たとえば、中川秀直代議士は、中国のある歴史教育施設から、三枚の史実に反する写真を撤去する日中共同の努力に参加し成功しました。それは、政府間交渉では絶対に実現できなかったことです。

第二章　「タイム・プレッシャー」――デッドラインの設定

考える余裕を与えない手法――原

官僚と悪徳商法の説得術の共通点――考える余裕を与えないというのも、その一つです。伝統的な悪徳商法に、「香港の商品取引所の金《きん》をいま買えばもうかる」というのがあります。「取引所があと一時間で閉まるので、いま買わないと間に合わない。明日になったら、この情報はみんな知ってしまうから、もうけようと思うならいまだけ」といったストーリーで、「即断即決」を求めるわけです。

これは悪徳商法に限らず、一般的なセールスにも使われます。「数量限定。売り切れ次第終了」などといわれると、つい慌てて買ってしまう。テレビ・ショッピングにもあります。しかし、あとから冷静に考えてみたら不要な商品だった、などということもあるでしょう。

官僚の説得術の場合、これは、「ギリギリに説明する」という形をとります。

厚生労働大臣を務めた長妻昭《ながつまあきら》さんがいわれていましたが、閣議に上がる重要な案件を、前日の夜ギリギリになって持ってきたりする。「もうちょっとじっくり考えてみたい」「ほかの関係者からも話をきいたうえで判断したい」といった反応ができない状況で、「即断即決」を求めるわけです。

判断の選択肢は、役所のシナリオどおり円滑に物事を進めるか、あえてストップをかけて混乱を招くか……よほど確信と勇気がなければ、前者をとってしまうでしょう。

「霞が関文学」を読みこなすと——真柄

タイム・プレッシャーですね。

決定というのは、他の選択肢を捨てて一つに絞ることです。しかし人間は常に、そんな大事な選択をするために必要な完全な情報を持っているわけではありません。不完全な情報だけで決定しなければなりません。

人はその緊張感に耐えられないので、完全情報を求めて、選択肢を維持したまま、決断を先送りしようとします。そこで、時間の制約を設けて決断を下すわけです。

このように、決定とは、一定の時間の制約のなか、不完全な情報をもとに、熟慮のうえで最善の合意を見出すもの。決定とは、間違いであることが新たにわかった場合には柔軟に変更することを前提とした暫定《ざんてい》的な合意です。

政治には、履行の期限を迎えないと盛り上がらないところがあります。たとえば、一九六〇年の日米安保闘争ですが、新日米安保条約が自然成立する直前に盛り上がり、条約が自然成立すると運動は退潮となります。ほとんどの政治テーマが、党議決定直前、法案採決直前、国会会期末直前に突然盛り上がり、その後退潮となります。

ところでデッドラインがあまりにも短期間に設定されると、熟慮の時間を奪われてしまいます。そして、時間に煽《あお》られて、冷静な分析ができなくなる。それが悪徳商法に付け入る隙を与えることになります。

考える余裕を与えないということは、目の前の選択肢以外の可能性を考える時間を奪うようなものです。時間的制約が迫り、目の前の案を受け入れるしかないという状況に追い込みます。

竹中さんが大臣になった当初、期限ぎりぎりになって膨大な書類が届いて困ることが何度かありました。多忙のなかでこれだけの文書に目を通すことは大変で、どこにどんな問題が隠されているのかを発見するのも困難でした。それでも何かの指示を出さなければならないのですが、朝令暮改と見られることもあったようです。

役所の文書の独特の表現、いわゆる「霞が関文学」は時間をかけて読みこなしていくと、いつの日か、違和感のある表現に気づくことができます。このような違和感のある表現は、何か背景や理由があるはず。その分野に精通すれば、瞬時に違和感のある文字が目に飛び込むと思いますが、その域に達するには、相当程度、行政文書を読み込まなければなりません。

また、行間を読むための背景情報として、何が争点になっていて、誰がどういう意図をもってどんな言葉を入れ込もうとしているのかのバックグラウンド情報が必要です。

そして、政策案はいまどの段階にあって、いつ大臣に上がってくるかという情報もとても重要です。

こんなことを、民間から突然やってきた人がすぐにできるわけがありません。最初は、どうしても官僚の手助けが必要です。そこで、国会審議で朝から晩まで国会に拘束される大臣になり代わり、「大臣の目、大臣の耳」として文書に目を通し、役所内外の情報をキャッチできるスタッフが必要でした。それは、役所ではなく、大臣の側に立って見る人でなければなりません。

大臣が国会審議に出席している間に、そうした「影武者」のようなスタッフが文書をチェックし、情報収集していった結果、突然、大臣に文書案が出てきても、対応できたのです。

空いていない時間を聞き出す理由——原

大臣の政策スタッフは重要ですね。竹中大臣のときは、真柄さんをはじめ独自の政策スタッフを持っていたので、政治主導で政策を進めることができていたと思います。

安倍晋三《あべしんぞう》第一次内閣で公務員制度改革を進めたときには、その成功事例を踏まえ、改革プランの重要項目の一つとして、官邸や大臣に政策スタッフを付けることを盛り込んでいました。残念ながら、これはその後実行されず、民主党政権のもとで位置付け不明な国家戦略室がつくられました。これでは、いかに「政治主導」を唱えても、できるわけがありません。

時間ギリギリ戦術は、スケジュール調整とも大いに関わります。大臣への説明の前提として、まず役所の各部局が説明時間を確保します。真柄さんは竹中大臣室にいらっしゃいましたが、同じスケジュール調整でも、官僚サイドから見ると、実はまったく意味が違ったりします。

もちろん、決定のタイミングのギリギリに設定するというのもありますが、それだけではありません。たとえば、大臣説明のための候補日が二日あって、A日は終日ガラガラ、B日は夕方一七時からちょっとだけ時間が空くものの、一八時過ぎには政務の重要会合があり、という状態だったとしましょう。この場合、ふつうならA日のどこかで時間をとるだろう、と思われるかもしれませんが、役所で実際に起きることはたいてい逆です。

なぜなら、時間がたっぷりあって、しかもあとの予定もなく、いくらでも延長可能なときに説明に行けば、いろいろと細かい確認をしたり、じっくりと検討したり、といったことになりかねない。逆に、時間が限られ、延長は絶対にできない時間帯であれば、終了時刻が近づいたところで、「今日中にご判断をいただく必要があります」と迫ればいい。即断即決に持ち込みやすいわけです。

大臣の側も、うしろの予定が気になって、それどころでなくなれば、「君たちの考えどおりでいいよ」となることもあるでしょう。だから、こういう候補日の選択肢を提示されれば、担当部局の官僚は、「A日は生憎《あいにく》、まだご説明の準備ができないので、どうしてもB日でお願いします。お忙しいと思いますから、二〇分でも構いません」と答えたりするわけです。

つまり、「いつだったら、スケジュールが空いていますか?」という問い合わせの本当の意味は、実は「空いている時間」を聞いているわけではありません。前後の予定が詰まっていて、「ほとんど空いていない時間」を聞き出すことが真の目的だったりするわけです。

小泉首相の機中懇談の裏で――真柄

「ほとんど空いていない時間」を聞き出して即断を促すというのは、高等なテクニックですね。スケジュールを聞く戦術の変形ですが、重要会議の直前の最後の面接時間を確保するという戦術もあります。

人間は、最後に聞いた人の意見の影響を受けやすい。だから、重要会合直前の面会日程を確保することが重要です。

二〇〇二年九月、不良債権処理が大問題になっていたときのことです。小泉首相訪米当日の九月九日九時五一分、竹中大臣は小泉首相のもとを往訪し、「改革の中心は金融」とするメモを手渡し、「政策転換ではなく、政策強化です」と語りました。小泉首相は「これで行こう」と即答しました。

そして、訪米直前最後の首相日程は、一五時八分に来訪した中川秀直代議士です。中川代議士も同様の趣旨で小泉首相に不良債権処理の決断を促しました。

この官邸での中川日程を最後に羽田空港に向かった小泉首相は、一六時二三分、アメリカに向けて政府専用機で羽田空港を出発。そして、政府専用機内の首相と同行記者との懇談（機中懇）において、「構造改革の加速のため当面どういう対策が必要か。特に金融システム改革が大事だ」と述べました。

こうして「改革の中心は金融」という竹中大臣の進言に沿った発言を、小泉首相に、機中懇談で発言してもらうことに成功しました。

渡辺行革相が総理に渡したメモ――原

「最後に聞いた話が大事」というのは、心理学や行動経済学でもよく出てくる話です。

行動経済学は、「人間は合理的に行動する」という伝統的な経済学の前提を疑うところから出発し、心理学の理論を応用して人間の行動を分析しようとする学問領域です。金融市場の動きなどの分析にも使われています。

マーケットでは、価格の動きに影響ある事象がいくつか続いたときに、最後に起きた事象が最も強く影響しがち、と経験的にいわれている。これは、ヒューリスティックス（厳密な論理ではなく、直感で判断する手法）の一つの事例で、「新近効果」（recency effect）として説明されることがあります。

自分が大臣への最後の説明者になろうとするのは、これと同じようなものといえるでしょう。

たとえば、国会答弁の事前説明のやり方は、まさにこの観点で理にかなっています。国会の開会中、朝の九時から予算委員会があって、大臣が委員会に出席して答弁しないといけない場合、だいたい朝七時とか八時から委員会開会直前まで、役所の担当部局から大臣への事前説明がなされます。

説明が終わると、大臣はそのまま委員会に入るので、余計な雑音が入ることはない。もしも半日ぐらい余裕があれば、役所以外の関係者に電話して話を聞き、役所の用意した答弁とは異なる視点もあるとわかる……などということが起きるかもしれませんが、そうした可能性は排除されているわけです。それで、国会での大臣たちの答弁というのは、役所の事前説明どおりになされる。

第一次安倍改造内閣の渡辺喜美《わたなべよしみ》行革大臣のとき、天下りに関する国会質問で、役所の用意した総理答弁に「天下り温存」につながる字句が入っていることに気付いて、委員会開会の直前、大臣から総理に直接メモを渡し、総理は渡辺メモのほうを採用したことがありましたが、こんなことはごく稀《まれ》な事例でしょう。

役所の意に沿わない議員には——真柄

あの委員会の質疑直前の緊迫した時間に、そんなドラマが展開されていたのですね。政治任用チームのスタッフが各方面にいれば、そういうプレーがもっとできるようになりますね。これができることこそが政治主導です。

いまでも大臣には、役所の外から連れてくることが原則の政務秘書官と、役所が付ける事務秘書官がいます。その下に、日程管理を担当する事務官がいる。この事務官のところで、政務日程と公務日程が一体となって大臣日程になります。

政務秘書官は公務日程には介入できませんが、反対に事務方は政務日程に介入できません。政務秘書官は「これは政務日程だ」といえば、日程を確保できる絶大な権限を持っています。このように、公務以外の日程を担当するのが政務秘書官です。

たとえば、役所の意に沿わない国会議員が大臣に面会を求めてきたとしましょう。もしも、政務秘書官が日程を担当しなければ、役所は面会できる時間はありませんといって、この国会議員と大臣の面会日程を引き延ばすことも可能です（もちろん、最終的には大臣の意向を確認するでしょうが、細かい戦術を使って会えないようにする工夫はいろいろあります）。しかし、政務秘書官を通せば、大臣が会いたいとさえいえば、政務日程として確保することができるのです。

難しいのは審議会の民間人です。審議会は公的機関ですから事務秘書官が担当する。その審議会の民間人が役所の意に沿わない方向性を打ち出しているとき、事務秘書官は大臣に会う日程をセットするでしょうか。セットするにしても、もう手遅れというところまで引き延ばすかもしれません。

竹中さんの場合には、昔からの知り合いだということで、政務日程枠で審議会の民間人とも会うことができましたし、大臣室で会うのがまずければ、朝食・昼食・夕食、土曜・日曜など、役所の建物の外のあらゆる時間を使って政務日程としてセットしました。

しかし竹中さんも、官邸に対しては公務メンバーの一員です。ですから、大臣として首相に会うためには、原則として、事務秘書官同士の調整ということになります。

竹中大臣時代の二〇〇二年、税制抜本改革に取り組んでいる際、前にも触れたアメリカ共和党政治に強い影響力を持つ草の根減税団体のリーダーであるグローバー・ノーキストさんを小泉首相に引き合わせようという動きがありました。

このとき竹中大臣ルートということも考えましたが、結局、減税の重要性を強く認識していた中川秀直代議士ルートで、すなわち政務枠で、小泉首相の面会日程を確保しました。なぜかというと、中川代議士という政務ルートは、事務方が阻止することはできないからです。同席したのは、中川秀直代議士と、ノーキストさんを日本に招聘《しょうへい》した社団法人アジアフォーラム・ジャパンの吉原欽一《よしはらきんいち》さん、そして事務方です。

一四時四分に始まった小泉―ノーキスト会見では、法人税率引き下げの効果について議論が白熱し、同席した事務方は途中でこの会見を打ち切ろうとしたようですが、ベテラン政治家の中川代議士が上手にその動きを牽制し、この会見は四五分に及びました。

同じ日、「アーミテージ・レポート」で有名な、リチャード・アーミテージ米国務副長官との会見（ハワード・ベーカー駐日米大使、福田康夫《ふくだやすお》官房長官同席）が一五分だったことを見ても、いかに小泉首相とノーキストさんとの会見が盛り上がったかがわかります。

日程調整の権限というのは、とても政治的に重い意味を持ちます。だから、議員会館の日程担当秘書は、役所の人からも、他の議員からも、業界団体の人からも、とても大事にされるのです。

時間に関連した戦術は他にもありますか。

文科省が特区をつぶす手法――原

「考える余裕を与えない」という戦術と似たものとして、「ほかのことに気をとられているときを狙う」というのもあります。

たとえば、やっかいな話は政局の真っ最中や選挙期間中に進めてしまう、といったことです。ふつうなら政治家のなかで賛否両論あって争点になりかねないような話を、争点化せず、こっそりと処理してしまうわけです。

一例をあげると、小泉内閣のときに認められた「株式会社学校特区」について、二〇一二年夏頃から、文部科学省が事実上つぶそうとする動きを進めていることをご存じですか。

本来なら、多くの国会議員の方々が、特区や教育改革には関心を持たれているはず。ところが、ちょうど消費税と解散を巡る政局の最中でしたから、おそらく気づかないままだったのでしょう。下手をすると、このまま「特区つぶし」が進んでしまいそうな状況です。そうなったら、まさに狙い通りということなのかもしれません。

また、「案件をいくつも持ち込む」というのも、その一つです。大臣の了解をとりやすい案件をいくつか先に話しておいて、最後に、ややこしい案件をそっと持ち出したりする。最初のほうの案件を、わざと丁寧に時間をかけて説明し、最後の案件は、おまけのような感じに演出したりするわけです。

これは、私が渡辺喜美大臣の補佐官をしていたときにも時々ありました。もともと「案件Aの説明のため」といって部屋に来たはずなのに、その話を延々としたあと、最後に立ちあがった頃になって急に、「それから、これは一言だけお耳に入れておきますが……」などといって、Aの案件よりはるかに重大な案件Bの話をしたりするわけです。もしそこで、「そうか、わかった」などといってもらえれば、との思惑だったのでしょうね。

もし大臣を兼務していなかったら——真柄

「株式会社学校特区」の動向は、まったく気付きませんでした。

「ほかのことに気をとられているときを狙う」といえば、総選挙や民主党代表選などの政局スケジュールは、海外の人も知っています。ですから、その隙をついて、国境問題で挑発的な行為をする周辺諸国が目立ってきました。

そもそも、そういう国は、西に陽動作戦で騒乱を起こして注目させ、その隙に東で本当の狙いを達成するという戦略思想を持っています。もっとも、子どものサッカーのように、みんながボール一つに気をとられて群がっているような国が相手では、そんな陽動作戦すら必要ないのかもしれませんが。

ところで、会議の運営法としては、一度にたくさんの案件を盛り込んで、そのなかに大事なことを入れておく、という手法もよくとられるようです。あるいは、大事なことを議論する日の会合に別の議題も用意しておいて、議論する時間を短くするという方法もあるようです。

小泉政権時代の改革派も、たくさんの案件のなかに大事なことを入れておくという作戦を使ったことがあります。たとえば、二〇〇一年九月の「改革工程表」です。

このなかに「道路四公団、都市基盤整備公団、住宅金融公庫、石油公団の廃止、分割・民営化等については、他の法人に先駆けて結論を得ることとし、年内に閣議決定する」という言葉が入りました。そして、二〇〇一年一二月一九日には道路公団の民営化の方針を閣議決定しました。

他方、二〇〇二年秋の竹中大臣を振り返ってみると、政権の最重要課題が集中してしまい、政策の取捨選択をせざるをえなくなりました。この時期、竹中さんは経済財政担当相として、税制改革と義務教育改革の議論の山場を迎えていました。そこに、秋から兼務した金融担当相として不良債権処理のプランを短期間でまとめあげる時期が重なってしまったのです。

このときは、不良債権処理が優先されました。その結果、不良債権処理は成功しましたが、税制改革と義務教育改革の力は削《そ》がれてしまいました。

小泉政権に対する批判に、教育改革が進まなかったというものがあります。もしも二〇〇二年に竹中さんが金融担当相を兼務していなかったら、もう少し経済財政諮問会議も加わる形で、小泉政権下で教育改革の論議が進んでいたのかもしれません。

一人の人間にできることには限りがあります。そこに仕事が集中すると、「ほかのことに気をとられているときを狙う」という手が使われる可能性が高まる。相手は粘り勝ちを狙うことができるのです。

持久戦に持ち込めば官僚の勝ち――原

官僚の粘り強さは、最後の最後、もう駄目だというところまで来た土俵際でも発揮されます。よくあるのが、先送り戦術です。

たとえば、一部の政治家がある制度改正を主張し、役所が後ろ向きというケースで、「ここは、すぐに結論を出さず、さらなる検討課題として三年後に決めることにしましょう」などという決着の仕方がよくあります。これは、「検討課題としただけでも一歩前進」と見えるかもしれませんが、実はそうではない。むしろ、先送りイコール役所の完勝といってよいのです。

なぜかというと、政治家は期間限定でいなくなる人たちですが、役所組織は永続します。「三年後に決める」と先送りしてしまえば、三年経った頃には、異論を唱えていた政治家たちは、永田町から消えていたり、あるいは、もはやその件に関心がなくなっていたりする。結局、持久戦に持ち込めば、官僚の勝ち。そこを見越して、時間を味方につけるわけです。

法律にはよく見直し規定というのがあって、「三年後に見直す」などと書いてあることもあります。これも、似たような決着手法です。

こちらの場合は、典型的には、役所がやろうとしている制度改正に一部の政治家が反対している場合に、「では、いったんこれで決めますが、未来永劫《えいごう》とはしません。三年後に見直し、という規定をちゃんと入れますから」といった形で使われる。もちろん、三年経ったとき、政治家の反対論が雲散霧消しているであろうことは同じ。これも、時間を味方につける技法の一つです。

こうした裏側がわかると、政官入り乱れての政策論の決着や、法文に書いてあることの意味が、わかりやすくなるかもしれませんね。

さらに、官僚の究極の粘りということでいえば、いったん決めたことでも、長期戦で引っ繰り返すことでしょう。私がやっていた公務員制度改革はまさにそうでした。

これは当時、中川秀直・自民党幹事長や真柄さんにも大変お世話になりましたが、福田康夫内閣のときに「国家公務員制度改革基本法」というのをつくって、改革スケジュールを全部決めた。いわゆるスケジュール法というもので、何年に何をやるというプランをきっちり定め、法改正を要する事項はすべて三年以内に終える、という終期まで決めたわけです。

ところが、その後どうなったかというと、基本法で定めた改革プランは、何一つ進んでいません。

たとえば、基本法施行から一年で「内閣人事局」をつくることになっていたのですが、それから四年以上経っても、まだそれすらできていない。いったん決着したはずだったのに、役所が進めようとしなければ、何一つ進まないという話ですね。

竹中大臣のされていた郵政改革は、もっとひどいかもしれません。こちらは、改革プランを定めるどころではなく、実際に民営化するところまで小泉内閣でやったのに、その後いつの間にやら、実質国営化に戻ってきてしまっているのではないでしょうか。

郵政民営化はどうなる——真柄

二〇一二年一二月一九日に日本郵政社長が交代し、大蔵省ＯＢの坂篤郎《さかあつお》氏が就任しました。選挙や政権交代に紛れて交代したとの見方もされました。しかし、郵政民営化の見直しでいえば、改革派にも意外と粘り腰がありますよ。

民主党政権による民営化逆行にもかかわらず、まだ法的には、郵貯と簡保の一〇〇%完全民営化の余地を残しています。ここがポイントです。

これから先、時間の経過のなかで民営化逆行の問題点が具体的にどんどん明らかになってくると思います。時間は完全民営化に有利に働くはずなので、国民は自分たちの税金での負担で郵便を維持するのか、郵貯と簡保の完全民営化で維持していくのかを選択する日が来ることでしょう。

そこで、本当の意味での国民的合意が形成されると思います。つまり、時間の経過は完全民営化に有利に働くと確信しています。それがいつの日かはわかりませんが、必ず正論が通ると思っています。

第三章　「ガイアツ」——代理人に戦争をさせる技術

マスコミ対策で政と官の力の差は——原

おそらく、政治家の側から見て、役所の強力さを思い知る局面の一つが、マスコミ対策ではないでしょうか。一般論として、マスコミ対策における政と官の力の格差は、とても大きいものです。

二〇一二年、「原子力規制委員会」の設置に関する法案審議を、私が社長を務める政策工房でお手伝いしていたのですが、当時野党の自民党議員の方々がたいへん不満を持たれていたのが、マスコミ報道の論調です。

この法案審議では、もともと政府が「原子力規制庁」という環境省の一部局を設置する法案を出し、これに対して自民・公明両党が、より独立性の高い「原子力規制委員会」という対案を出しました。ところが、審議過程のマスコミ報道では、「独立委員会にしたら、いざというときに政治家のリーダーシップが発揮できない」などと、野党案を否定する論調ばかりでした。

なぜそうなるかというと、マスコミ対策における政と官の組織対応力の差です。

政府の法案については、役所が組織をあげてマスコミ対策をやります。大臣以下の組織総動員で、いかに政府法案が正しくて野党法案がダメか、記者クラブの記者に懇切丁寧《こんせつていねい》に説明し、論説委員クラスを集めた懇談会なども行う。一方で、議員立法の法案を出している野党側は、マスコミ対策といっても、提出議員が個人プレーでやる程度。まったくレベルが違うのです。

しかも、新聞社やテレビ局にとっては、役所の意向に沿って記事を書くことは、商売上の必然でもあります。なぜかというと、役所の意向に反した記事を書いて嫌われたら、その後は情報をもらえないことになりかねないからです。

いまの日本の政策は、九割方は役所発で、野党発の政策なんてほとんど存在していません。その状況のなかで、ある政策テーマで野党の肩をもって政府を批判したりしたら、その後とんでもないしっぺ返しを受けることになりかねないわけです。

この構図は、大臣や副大臣に就任した政治家たちの立場から見たら、たいへん好都合でもあります。ともかく役所の神輿《みこし》にのって、官僚にいわれるとおりに「こういう政策を新たに進める」と発言していれば、たちどころにマスコミで絶賛してもらえるわけです。

これは、麻薬のようなもので、ひとたび経験すると抜けられなくなるのではないでしょうか。マスコミという第三者を利用した、官僚の政治家に対する説得術といえるかもしれません。

もちろんここには、日本の悪しき記者クラブ制の弊害もあるのですが。

意図的に「特オチ」にされた記者——真柄

テレビのコメンテーターが政治報道のコメントで、「政治家は政局（権力闘争）ばかりしていないで政策をやってほしいですね」と締め括《くく》るのをよく聞きます。しかし、政治家が政策の仕事をしてもメディアはあまり取り上げません。

テレビ視聴率で考えれば、まじめな政策は面白くない。たしかに地味すぎて視聴率は取れないでしょう。視聴率が取れそうで絵になるのは、誰と誰が喧嘩《けんか》している、あるいは誰が党の意志に造反した、などです。すると、そんな映像ばかり見せられる視聴者には、政治家は政局しかしていないように見えてしまう。

もう二〇年以上前のことですが、自民党若手国会議員の政策集団で、農業政策の提言をまとめたとき、その政策発表を自民党本部の記者クラブで行うのか、農林水産省の記者クラブで行うのかが問題になったことがあります。こちらとしては、まじめな政策提言で権力闘争の意図はまったくなかったし、農業の専門紙にも報道してほしかったので、農水省の記者クラブで発表しました。そうしたら、「なぜ自民党本部の記者クラブでやらないのか」と、記者から反発を受けたことがあります。

竹中大臣の政務秘書官だったときには、マスコミ対策が政務秘書官としての主要な任務の一つでした。

当時の担当の記者クラブは、経済部の記者たちが主でした。途中から二社ほど政治部記者を付けるようになりましたが、そこで、経済部記者と政治部記者には大きな違いがあることを発見しました。

大まかな傾向として、経済部記者はコンテンツ（中身）重視、政治部記者はコンテクスト（流れ）重視です。

経済部記者は他社より一日でも早く、政策の中身、特に数字や人事に関する情報がほしい。これに対して政治部記者は、政局の流れを読み、流れをつくることを重視し、ある事案が終わったあとの検証記事を重視しているように見えました。

検証記事で事案についての歴史認識を確定し、未来を規定して流れをつくっていくのが、腕のいい政治部記者だと思いました。

経済部から見ると、政策報道のために、どうしても政策の中身を早く教えてくれる人が大事になります。その政策を書いた紙をくれるのが官僚です。

紙をくれる官僚に逆らってまで大臣の側に立つ、ということはとても難しいことです。そんななかでも、竹中大臣の話を繰り返し聞いているうちに、大臣のいっていることは正しいと思ってくれる記者もいました。そして、そうした記者たちをよく思わない官僚もいました。

するとこの官僚は、竹中大臣を支持する記者を除いて政策情報をリークし、竹中大臣支持の記者に「特オチ」（他社が報道している情報を落とすこと）をさせたのです。幸い、その政策情報は確定した政策ではなかったので、その後、微修正があり、結果的には、一時は「特オチ」した記者だけによって、後日、正しい報道がなされる結果になりました。

記者から見れば、大臣が正しい政策情報を発信してくれるか、そして、長い付き合いができるかどうかがポイントなのだろうと思います。正しい政策情報発信もない腰かけ大臣で、長い付き合いもできそうにないとなれば、大臣よりも役人の情報を大事にすることになります。

総理の演説に仕込まれた罠――原

官僚がマスコミを使う手法として、大臣に発言させてしまう、という技法もありますね。典型的なのが、伝統的な、大臣就任直後の記者会見です。

政治家が大臣に着任すると、まず最初に記者会見を行い、その役所の業務について、どんな方針で進めるのかなどの質問を受け、答えることになっています。竹中大臣などは別として、大臣というのは、必ずしもその分野の専門家ではありません。むしろ、最近の歴代防衛大臣を思い浮かべればわかるように、素人《しろうと》であることも少なくない。

それでもなぜ質問に答えられるかというと、直前に官僚からアンチョコをもらって説明してもらうからです。いきなり想定問答集を渡されて、テスト一時間前の駆け込み勉強みたいなことをやって、会見に臨む。

そして、この会見がとても大事なのは、ここで大臣に手枷足枷《てかせあしかせ》がはめられてしまうことがあるからです。

会見で「この政策について、どうするのか」と質問されると、往々にして、就任直後の大臣は何のことやらよくわからず、アンチョコどおり「これこれの方針です」と、もっともらしく答えてしまう。

あとになって、その分野のことをしっかり勉強し、いろいろな人の話を聞いてみると、「違うじゃないか」と思ったりするわけですが、そのときは後の祭り。すでに公の場での大臣発言として新聞記事にもなり、多くの関係者にも共有され、みなその方針で動いていて、とても方針転換などできない。仮に方針転換しようと試みれば、官僚たちから「すでに大臣の方針として進めていますから、これから方針転換などできませんよ。万一そんなことをやったら、そこら中からたいへんな反発を受けますからね」と脅されるわけです。

総理の所信表明演説などに、うまくフレーズをもぐりこませておくこともありますね。たとえば、第一次安倍内閣のとき、総理の演説に「押し付け的あっせんによる天下りは根絶」というフレーズが入っていたことがありました。一見前向きなことをいっているように聞こえるのですが、これを聞いた瞬間、「ああ、やられたな」と思いました。

なぜかというと、当時の政府の公式見解として、「民間企業にOBを押し付けるようなことはやっていない」ということになっていた。つまり、「押し付け的あっせんによる天下り」というのはそもそも存在せず、その根絶というのは「真空斬り」のような話だったわけです。

このときは、当時の渡辺喜美行革大臣が、その後「真空斬り」ではなく、「本当の天下り根絶」に乗り出したのですが、官僚たちはさんざん、「でも、総理がいっているのはあくまで『押し付け的あっせんによる天下りの根絶』です」といって、総理演説を盾に抵抗していました。

ひとたび対外的に発言してしまえば、なかなか引っ込みがつかなくなるということを、こうして利用するわけです。

委員会から官僚が消えた理由は——真柄

大臣がついつい官僚の用意したことを話してしまうのは、失言するリスクを避けるためでもあります。官僚と新聞記者に連携されたら、記者会見は、たまったものではありません。同じような場がもう一つあります。それが国会審議です。国会審議で失言したら、政権にも打撃を与えかねません。

官僚がサボタージュして国会でのガード役をやめると、国会審議が立ち往生するリスクがあります。国会審議が立ち往生すれば、首相にも与党にも迷惑をかけることになりますし、永田町や霞が関の人物評価にも影響します。ですから、国会審議での野党からの質問攻撃にさらされると、大臣と官僚は一心同体の同志になるという効果があります。

国会審議のなか、事務秘書官が質問の流れを読み機転を利かせてさっと差し出す答弁メモ――組織をあげて入手する国会情報や政局情報をもとにつくりあげるメモ――が、大臣にとって、とても貴重なものになります。

そうした集積の結果として、何事もなく、政府提出法案が成立していきます。この過程で、大臣と官僚に戦友的な意識が芽生え、案件によっては、官僚が用意した答弁書を読むことで「共犯関係」になっていきます。

竹中大臣はＩＴ担当大臣も兼務した関係で、「個人情報保護法案」担当の大臣だった頃があります。この法案は、マスコミを中心として反対の多い法案であり、一歩間違えば政治問題化して、小泉政権の基盤を直撃しかねないものでした。ところがＩＴ担当大臣としての竹中大臣を支える事務秘書官がいないなど、法案の政治的重大性の割には、大臣を支えるスタッフが不足しているように感じました。

私は、小泉構造改革とは直接関係がないこの法案を、どこかで修正する政治決断をしなければ、竹中大臣は政治的に立ち往生し、結果的に構造改革が頓挫《とんざ》するのではないかと感じていました。そこで大臣にお願いして、この法案だけ法案修正関連の答弁メモをつくらせてもらい、また委員会審議のときに、大臣の後ろの席に座らせてもらいました。

委員会審議が進んだあるとき、一瞬、事務秘書官も、IT担当室のシニアクラスの人も、委員会室からいなくなるときがありました。なぜこのようになったのか、偶然、全員がトイレに行ったのか、政務秘書官が勝手にやれということだったのかよくわかりませんが、このときはびっくりしました。

そこで私は、IT担当室から来ていた二〇代の若いスタッフを大臣の真後ろに座らせ、大臣が答弁するときに資料を求めたら、すぐに出すようにと指示しました。幸い、何事もなく済みましたが、このときは、国会審議における官僚のサポートがいかに重要かを感じました。

また、こんなこともありました。ある番記者が、民主党若手議員が委員会審議で一一時頃に何が何でも審議を止めに入る、これは民主党国対の指示で本人は従わざるをえない、大臣はこの時間に気をつけるように、との情報を委員会審議の直前に伝えてきました。もしも、役所のバックアップ体制が整っていれば、こういう情報も官僚経由でキャッチできたのかもしれません。

このように、大臣が官僚スタッフの助けを借りないで仕事をするのはほとんど不可能です。結局、大臣自身の主張と官僚の主張の間に、ある領域において意見の相違があったとしても、別の領域で意見が一致しているならば、その一致点だけで手を握ってやっていくタフさが求められるのだと思います。

毛沢東《もうたくとう》は『矛盾論《むじゅんろん》』のなかで、主要な矛盾と主要ではない矛盾を分けて考え、主要でない矛盾は一時棚上げする、主要な矛盾の主要な敵を倒したら、いままでは主要ではなかった矛盾が主要な矛盾になる、という考えを述べています。これが統一戦線の理論になりますが、簡単にいえば、「昨日の友は今日の敵、昨日の敵は今日の友」という関係です。これはかなりの粘り強さが求められます。

たとえば竹中大臣は、税制や政策金融機関については財務省と意見を異にしていましたが、郵政民営化では完全に意見が一致していました。二〇〇四年から二〇〇五年にかけて、政権の中心課題が郵政民営化だったときには、竹中大臣と財務省は統一戦線を組んで郵政省と戦っていました。しかし、二〇〇五年に郵政民営化についての政治的な決着がつくと、竹中大臣と財務省の増税についての意見の違いが表面化してくることになる。主要な矛盾は郵政民営化から増税に移ったともいえるでしょう。

このように政治家には、「昨日の友は今日の敵、今日の敵は明日の友」の世界に生きる粘り強さが求められていますが、官僚のみなさんも、やはり粘り強いですよね。

大臣を黙らせるためにつくった図——原

たしかに、官僚たちが悪徳商法の業者たちより明らかに勝《まさ》っているのは、粘り強さですね。悪徳業者の場合、狙ったターゲットの反応が悪ければ、さっさとあきらめて、次のターゲットに移ります。限られた時間で稼ぐためには、効率的にやらないといけない。

しかし、官僚の場合は、非常にあきらめが悪い。あるターゲットをどうしても落としたいと思ったら、莫大な人的コストをかけ、あの手この手を繰り出します。

安倍内閣の天下り規制のときの話でいうと、渡辺行革大臣が「本当の天下り根絶」に乗り出したとき、最初のうち官僚たちは、大臣の説得・折伏《しゃくぶく》を試みました。しかし、これがダメだとなったら、今度は別のルートで抑え込もうと、自民党の行革本部の、いわば「行革族」ともいうべき議員たちのところに行って、「なんとか渡辺大臣を抑え込んでください」という根回しをやった。

さらに、それでもなかなか止まらないとなると、今度は、当時の塩崎恭久《しおざきやすひさ》官房長官のところに行って、「渡辺大臣は過激でどうしようもありません。ここは、塩崎長官のように物事をきちんとわかっていらっしゃる方に仕切っていただかないと」という話をした。実は、塩崎長官と渡辺大臣は水面下で緊密に情報交換していたので、こういう話は渡辺大臣サイドに筒抜けだったのですけれどね。

官僚たちは、行革本部の議員と塩崎長官とで渡辺大臣を抑え込む構図をわざわざ紙に描いて、関係議員に説明していましたよ。

この手の話は、真柄さんが竹中大臣秘書官をやられていたときも、さんざんあったのではないですか。

「分割統治」とは何か――真柄

そうですね。政務秘書官の大きな仕事の一つは、そうした説得工作がどのように行われているかの情報をつかみつつ、分断工作には先手を打って、できるだけ結束を維持し続けることでした。

この説得工作には構造的な背景があります。それは、政府・与党二元体制です。

政府・与党二元体制とは、各省庁が首相や大臣を牽制するために、首相を選任した与党議員に要請して、首相や大臣を説得してもらう構図のこと。自分の任免権者のさらに先にいる任免権者にお願いして牽制してもらうのです。

国民―国会議員―首相―官僚の関係を、それぞれ依頼人―代理人関係が連鎖していると考えてみましょう。それぞれの依頼人と代理人の考える政策の優先順位は、微妙に違います。だから首相や大臣は、自分の政策を実現するために、政治任用スタッフを官僚機構に送り込んで、政策を実現しようとします。

これに対して官僚は、首相の依頼人である与党国会議員に泣きついて、首相を牽制します。首相はこれに対抗して国会議員の依頼人である国民に呼びかけて国会議員を牽制する。これが衆議院解散です。

この構造のなかに、官僚の国会議員に対する説得工作が位置づけられます。

原さん、官僚による政治家の「分割統治」の具体的な方法について、もう少し詳しく教えていただけますか。

「相手を一人にさせる」戦術――原

中央官庁には、大臣、副大臣、政務官と、何人も政治家がいますが、だいたい、役人からの説明は個別に行われます。大臣のところでは「副大臣はご了解です」といって説明し、副大臣のところでは「大臣はご了解済み」などということは、よくありますね。

これは地方自治体でも同じで、大阪府特別顧問として仕事をしたときも、「松井《まつい》（一郎《いちろう》）知事は了解しています」といわれるので、そうなのかと思っていると、あちらには「原さんは了解済み」などといっていたケースもありました。

説明を受けている側が直接確認し合えば、すぐに解決できる問題なのですが、大臣と副大臣の場合、「同じ役所にいるが、実は犬猿の仲」といったことも少なくありません。これは、大臣と副大臣の人事が、それぞれ別個になされていて、両者の相性など考慮されていないために起きてしまいます。さらに、そういった状況を官僚側が利用したり、政治家同士のライバル意識をうまく煽《あお》るようなこともあるのではないでしょうか。

これは、悪徳商法にも同じ技法があります。

悪徳商法の取り締まりを担当していたとき、セールストークを文書に書き起こした調書を見ることがよくありましたが、率直にいって、なぜこんな話にだまされるのかというようなケースが多かった。冷静に考えれば「これはおかしい」と気づくはずなのに、その場の雰囲気や話の流れでついだまされる。

その雰囲気や流れづくりのための典型的なやり口が、「相手を一人にさせる」です。ターゲットが仲間や家族と一緒にいると、誰か一人ぐらいは冷静になることが起こりがちなもの。だから、一人暮らしのお年寄りを狙って訪問したり、街角でターゲットをつかまえる「キャッチセールス」の手法をとったりするわけです。

その延長線上で、「相手をさらに一人にさせる」というのもある。ターゲットが一人のときを狙うだけでなく、さらに、家族などに相談する機会を封じるのです。

たとえば利殖商法では、「ご主人には相談しないほうがいいですよ。だいたい、男性はこういう話は、よくわからなくて反対しがちです。そうやって、みすみすチャンスを逃した方を大勢知っていますから申し上げているのですよ」（男性がターゲットの場合は「奥さんには……（以下同じ）」）などという。これで、取引が終わるまで孤立状態をつくってしまうわけです。

役所でやっているのと同じ、「相手を一人にさせる」という戦術です。

相互の疑心暗鬼をつくり出す方法——真柄

前の自民党政権時代、だいたい大臣と副大臣は別派閥から選ばれていました。小泉政権でも、閣僚は小泉首相が派閥領袖《りょうしゅう》の意向を無視して選んでいましたが、副大臣と政務官は派閥の意向を尊重して選んでいたからです。

そんななかで竹中大臣は、当初は非議員、二〇〇四年からは無派閥議員でしたが、副大臣・政務官については比較的恵まれていたのではないかと思います。副大臣から切り崩されたということは、あまりなかったように記憶しています。

ただし、民間人同士の仲間割れ、竹中さんと自民党との対立のリスクはいつもありました。ネタ元は他愛《たわい》ない話なのですが、そこから大きな亀裂になっていきます。

不思議なことに、多くの政治家も民間人も、官僚から聞いた噂話の事実確認＝裏取りはしません。それがいけないと思います。「○○先生はこんなことをいっていましたよ」、あるいは「実は、裏であの政策を推進しているのは××先生です」などといわれると、政治家や民間人は素直に信じて、相互に疑心暗鬼になります。

そして、ダメ押しするかのように、官僚が記者とのオフレコ懇談で「○○先生と××先生との間には、最近、隙間風が吹いていてねえ」などといえば、もう、世間は○○先生と××先生は不仲だということで動き始めます。

こうして○○先生本人と××先生本人はそれほど意識していなくても、両先生周辺の人たちは、忠誠心のあまり、相手の先生に強い警戒感を持つようになります。そして、ちょっとでも気になる情報があると、悪く解釈して上司に伝えるようになります。さらに、わざと○○先生周辺の人に××先生の悪口を誘導していわせ、そのことを××先生に伝える人も出てきます。

こういうことが繰り返されていけば、すぐに改革勢力は互いに疑心暗鬼になって、不信感は不安感に変わり、それが不満となって爆発して、バラバラに崩れていきます。だから、私は「改革派は必ず分裂する」といっています。

私が竹中大臣の政務秘書官だった二〇〇二年の税制改革のときです。ある晩、改革派の自民党商工族議員からの怒りの電話をもらいました。

「秘書官、ひどいじゃないですか！　裏切りましたね！」

よく聞くと、中小企業への増税になる外形標準課税を経済財政諮問会議主導で進めているというのです。

「そんなことありません、誰がそんなことをいっているのですか」

と聞くと、役人だという。それでわかりました。当時、経済財政諮問会議と自民党商工族は法人税率引き下げで結束しつつありましたから、自民党がいやがる外形標準課税を持ちだし、それを経済財政諮問会議主導だということにして、諮問会議と自民党商工族を分断しようとしたのでしょう。私は、

「先生、それは諮問会議と商工族を分断しようとする謀略情報ではないですか。ひっかからないほうがいいですよ」

と答えました。政治家でもこうですから、まして、政府に入った民間人など、分割統治の

謀略情報にイチコロになって不思議はありません。

やはり、二〇〇二年の税制改革論議のとき、政府税制調査会の報告書が事前に竹中大臣に届かず、新聞で初めて内容を知るといったことがありました。諮問会議側は、何か提言を出すときには、事前に石弘光《いしひろみつ》政府税調会長に届けていました。それなのに、なぜ政府税調から報告書が来ないのでしょうか。

私はたまたま役所内のトイレのなかで、政府税調の事務局に近い事務方の知り合いと隣り合わせになったので、並んで用をたしながら、竹中大臣が政府税調の報告書が事前に来ないのはなぜだといっていますよ、と伝えました。

そのときの回答は、「え、石税調会長が届けると聞いていましたよ」というもの。別の税制改革を担当する幹部が竹中大臣に会うときに大臣の到着が遅れ、私と雑談していたときにも、まったく同じことをいわれました。

ここで終われば、竹中大臣は石会長に対して疑心暗鬼になってしまいます。政府に参加している学者同士が疑心暗鬼になると、激しい対立が始まります。

石会長は一橋大学の学長で、竹中大臣と私も一橋大卒という縁があったこともあり、竹中大臣側からの情報は私が伝令役となっていました。その後、石会長に直接お会いする機会があったときに、「事務方は石会長が政府税調の報告書を竹中大臣に届けるはずだったといっていますが」と聞いたところ、豪快に笑って、「そんなはずはないだろ、事務方が届けるのが当然じゃないか」とのことでした。

私は分断工作については、謀略情報について事実確認もせずに信じ込み、分断されてしまうほうが悪いと思います。物的証拠があるもののみが事実と認定されます。しかし永田町では、根も葉もない噂の類《たぐ》いで情報が操作されて事実がつくられていきます。永田町の決定において、いかに事実認定が疎《おろそ》かにされているかを示すもので、これはとても悲しいことです。

さて、相手を一人にすることに成功すると、その後はどうするのでしょうか。

悪徳商法と同じ＝説明は複数人で――原

これも悪徳商法と似ていますが、ターゲットは一人、業者側は数名で取り囲む、というのがよくあります。たとえばキャッチセールスでは、街角でつかまえたターゲットを事務所まで連れて行って、数人で取り囲んで、買わざるを得ない状況をつくったりするわけですね。

大臣への説明も、これに似たところがあります。一〇人から二〇人ぐらいの官僚で取り囲んで説明することも稀ではありません。

ある大臣経験者に聞いたことがありますが、大勢vs.一人という図式になるのは、やはり大変なプレッシャーだそうです。何か変だなと思って、「おかしいのでは」と指摘しても、官僚のうち誰かが即座に反論し、さらに何人かの援護射撃が続いたりする。大勢から「あなたのいっていることは違います」といわれると、だんだんそんな気がしてくるようです。

しかも、うしろでメモとりをしている若手官僚がいて、大臣の発言を逐一メモしている。これも静かなプレッシャーになるらしい。大臣がいくつか簡単な確認をしただけでも、そのたびに一言一句すごい勢いでペンを動かされると、「うっかりしたことを口にすると、すべて記録されていて、あとで何か利用されるのでは？」と疑心暗鬼になってしまう。そこを心配しすぎると、結局、重々しく「うん、わかった」というだけになってしまうわけです。

政治家側の「備忘録」の重要性──真柄

たしかに、政治家が役所の人から説明をしてもらうとき、役所からは複数で来ることが多い。若い随行員が付いていて、メモとりをしています。政治家の発言を忘れないための「備忘録」であり、それはそれで大事なものです。

しかし、この場で政治家が何かをいえば、この人が書く「備忘録」が内部文書になって、後に裁判で証拠能力を持つことになるかもしれません。あのとき、あの政治家はこういいました、と。

だから本当は、そういう場では、念のために政治家側も、メモとり要員として自分のスタッフを参加させるべきだと思います。そうして自分なりの「備忘録」を内部文書として残しておけば、あのとき、こういった、いっていない、というトラブルは避けることができるでしょう。

自分のスタッフすら付けられないような重大機密の話であれば、信頼できる官僚一人と、一対一でやったほうがいいのではないでしょうか。しかし、多くの政治家は、官僚を自分のスタッフであるかのように信頼していますから、そんなことはしていませんね。

アメリカを利用した官僚の手法——原

ターゲットを絶対に落としたいと思ったときに、そのターゲットに影響力のある人に手を回すというのは、民間ビジネスでもありますね。たとえば、そのターゲットがお世話になっている取引先から、一言いってもらう、あるいは最初からそこに紹介してもらって営業に行く、などということはよくあるでしょう。官僚が政治家を説得するうえで派閥の人間関係を利用するのは、それに近いことかもしれません。

伝統的な力関係でいうと、派閥の領袖より、もっと強い人がいました。アメリカ合衆国です。

むかし、私が通産省に入ったばかりの頃、日米構造協議というものを行って、大規模小売店舗法（大店法）に関する規制撤廃などといった要望をアメリカから受けていました。

大店法というのは、大きなスーパーマーケットなどができると中小の商店が打撃を受けるので、出店面積や営業時間などさまざまな規制をしていたもの。当時の通産省は、地域の商店などを守るため、日米構造協議では必死の防戦をしていました。

しかし実は、通産省のなかにも、大店法などいらないという考えもあったのです。ただ、これには政治的なハードルがあった。つまり、中小の商店街は、地元では強力な政治力を持っていて、有力政治家たちを押さえていたからです。

そこで通産省の一部の人たちが、表では「大店法は守るべき」といいながら、実は裏でアメリカ政府に問題提起していたりしたのですね。いわゆる「ガイアツ」の利用というものです。

本当はやるべきだと考えているが、政治的に難しければ「ガイアツ」を利用する。主権国家としてたいへん情けない話だとは思いますが、現実問題として、これが機能して、やるべきことができた面もありました。大店法の規制撤廃などは、その好例だったと考えてよいでしょう。

なぜかというと、当時、アメリカ政府がこれを主張していたのは、外資系の小売企業が日本に進出することが狙いのはずだった。ところが、その後、実際に規制が緩和・撤廃されて、状況はどうなったでしょう。アメリカ系の小売店なんて、ほとんど日本に進出できていません。日本の消費者市場は、そう甘いものではないし、通産官僚たちもそんなことはわかっていた。結局、アメリカ政府は、日本の官僚たちにうまいこと利用されただけだったのです。

一定期間の異分子が集団に変革を――真柄

「ガイアツ」の利用といえば、小泉政権時代の経済財政諮問会議自体も、各省庁に「ガイアツ」をかけるための「外国人部隊」だったのではないでしょうか。経済財政諮問会議という外国人部隊の「ガイアツ」を最もうまく活用したのは、財務省だったかもしれませんね。歳出削減に文句があるなら諮問会議にいってくれ、というような意味での「隠れ蓑」だったのかもしれません。

実は、連立政権にも「ガイアツ」的な効用があります。中曽根政権時代の一九八三年から一九八六年までの間、自民党と新自由クラブが連立政権を組んでいました。このころ、自民党内では少数派の意見でも、「新自由クラブがいっているのだからしょうがないではないか」ということで、自民党内で合意形成されることがありました。

民間ビジネスの話が出ましたが、企業もコンサルタントという「ガイアツ」をうまく使っています。コンサルタントというのは企業にとっては「ガイアツ」です。

内部の人も改革が必要なことはわかっているが、それに抵抗する人がいて、その人たちの反対を押し切ると、後々内部に対立の火種が残る。そんなときに外部の人がいっていることだからと、反対者の矛先《ほこさき》を一手に引き受ける役割を外部の人に果たさせる。これが、「ガイアツ」です。

「ガイアツ」は、集団内の常識は外部世界では非常識で、そんな非常識なことをしていると遅れてしまいますよ、というシグナルを発信する役割を果たします。この「ガイアツ」を使って既存の思考的枠組みやルールを覆していくのです。

内部からの変革ができない日本の弱さは、異分子が身内にいない心地よさの代償です。異分子がいない仲間同士は心地よいが、変化に対応できない。そうしたときに、「ガイアツ」をかけてくれる外国人部隊が重要な意味を持ちます。

諮問会議、コンサルタントといった外国人部隊は、一定期間だけ存在することに意味があります。一定期間、異分子として集団に変革をもたらしますが、役割を終えたら集団からいなくなる。そういう人を集団は大事にしなければなりません。

第四章　「ポンチ絵」――一発で誤解させる小道具

悪徳絵画ファンドのパンフレット——原

前章まで述べてきたのは「ロジ（ロジスティクス）」。つまり、「うん」といわせるためのムードづくりとか、説得のための舞台づくりといったことです。ここから、いよいよ説得の中身、「サブ（サブスタンス）」の話に入っていきます。

説得の際には、もちろんトークも大事ですが、説明用の資料が重要です。セールスでも、商品の現物やパンフレットを用意して説明することが多い。

たとえば、私が役所の業務で目にしたなかで、とても印象深かったのが、一九九〇年頃、バブル絶頂の頃に売られていた絵画ファンドの説明用パンフレットです。一五世紀から一九八〇年代まで約五〇〇年にわたる、絵画と金などの商品の価格の推移が、折れ線グラフになって示されていて、金などはジグザグに上下があるのですが、絵画だけはまっすぐに右肩上がりで上昇し続けているのです。

要するに、このパンフレットのいいたいことは、「絵画の価格は絶対に下がることはない。だから、絵画ファンドを買えば、絶対に損はしない」ということです。

ちょっと冷静に考えれば、「そもそも五〇〇年間の絵画の平均価格って、何なんだ？」という根本的な疑問が生じるはずですし、すぐインチキとわかるはず。ところが、もっともらしいパンフレットで、緻密《ちみつ》なグラフが示されると、何となく信憑性《しんぴょうせい》があるように見えてしまう。これで引っ掛かった人がかなりいたようです。

おそらく、口先だけで「絵画って、値段が下がることはないんですよ」というのとは比べ物にならない「説得力」を持ったのでしょう。

官僚が政治家を説得するときにも説明資料は大事で、この折れ線グラフに相当するものとして必ず使うのが、役所用語でいう「ポンチ絵」です。つまり、政策のイメージが一目でわかるような簡単な図を一枚、紙で用意しておくというのが基本。役所では、パワーポイントなどという便利なものが出てくるはるか以前から、かつては手書きで、その後はワープロで、イメージ図を描いていたものです。

これは、実際に政治家に対する説明をしてきた経験上からいっても、とても有効なツールです。だいたい政治家は皆、忙しいですから、くどくどと説明することを好まない人が多い。まして、「この資料を全部読んでください」などというのも無理。ともかく、一目でイメージがつかめる図を用意して、それを見せながらポイントを説明するわけです。

「ポンチ絵」とは何か――真柄

官僚の「ポンチ絵」を見なれた政治家は、政策を理解する際に「ポンチ絵」が不可欠になっています。

私も二〇代の頃、自民党若手議員の政策集団のスタッフとして農業改革に対する提言をまとめていたとき、主査の大島理森代議士から「提言をポンチ絵にまとめてくれ」といわれて困ったことがあります。

このときが「ポンチ絵」という言葉に出会った最初なのですが、「ポンチ絵」の意味がわからなくて、辞書で調べて風刺画という語意を見つけました。そして大島代議士に、「私は風刺画は描けません」と答えたことがあります。

永田町や霞が関で一般的な「ポンチ絵」というのは、複雑なものを簡便に理解するヒューリスティックス（理解を助けるために簡略化した手法）の一つ。一枚紙で政策の全体像を理解するための手法です。

「ポンチ絵」は、日本の伝統的な情報伝達手段です。ポンチの語源は、幕末から明治時代にかけて横浜で発刊されていた漫画雑誌『ジャパン・パンチ』の「パンチ」といわれています。『ジャパン・パンチ』は、『イラストレイテッド・ロンドン・ニューズ』特派員画家として来日したチャールズ・ワーグマンというイギリス人によって、一八六二年（文久二年）から一八八七年（明治二〇年）まで二五年間、横浜で発行されていました。

このイギリス人が発刊した雑誌名が歴史のなかで消えずに、いまでも日本に「ポンチ絵」

として名前が残っているのはなぜでしょうか。それは、庶民に対して重要情報を絵で伝えるということが、幕末までの日本の伝統的なメディアであり、表現手段だったからです。

そのことを私に教えてくれたのはフランス人の日本文化の研究者であるクリストフ・マルケさん（日仏会館フランス事務所所長、フランス国立東洋言語文化研究学院教授）です。

江戸時代の中期から明治時代の初頭にかけての二〇〇年間、草双紙《くさぞうし》という挿絵《さしえ》の隙間に平仮名を主とする本文が書き込まれるという独特の挿絵中心の文学が流行しました。有名なところでは、十返舎一九《じっぺんしゃいっく》の『東海道中膝栗毛《ひざくりげ》』があります。葛飾北斎《かつしかほくさい》も若い頃は草双紙の作者でした。

草双紙は文字よりも挿絵を重視するメディアである点が特徴。重要なメッセージは挿絵という視覚情報に単純化し、文字情報がそれを補ったわけです。この草双紙はマンガの原型だと思います。マンガ文化が日本で栄えているのは草双紙の伝統がベースになっているからと考えられます。

ところが明治時代になると、挿絵中心の文学が批判されます。坪内逍遥《つぼうちしょうよう》は『小説神髄』のなかで、以下のように、挿絵中心の文学を批判しています。

「形容を記するはなるべく詳細なるを要す。我が国の小説の如きは、従来細密なる挿絵をもてその形容を描きいだして、記文の足らざるをば補ふゆゑ、作者もおのづから之れに安ん

じ、景色形容《けしきありさま》を叙する事を間々怠る者尠《すくな》からねど、是れ甚だしき誤りなり」（岩波文庫）

明治以後、文学の世界から、挿絵中心の草双紙の伝統は消えてしまいました。欧米の文字中心の文化が席巻したのです。

しかし、草双紙は、欧米の風刺画の文化を受け入れたふりをして生き延びたのだと思います。それが「ポンチ絵」といわれる背景ではないかと勝手に想像しています。これは坪内逍遥が批判した草双紙ではない、欧米の風刺画「ポンチ絵」なのだ、と誰かが思いついたのではないでしょうか。

そして、文学のなかで消えた草双紙が、一方では後にマンガ文化というポップカルチャーとして花開き、他方、政界官界では「ポンチ絵」として生き延びているのではないかと思います。

「ポンチ絵」は、なぜ生き延びているのか。それは、ヒューリスティックスの一つだからではないでしょうか。

現実の社会はあまりにも巨大で複雑です。その複雑さは人間の理解能力を超えています。それでも人は、社会のことを理解しなければなりません。ヒューリスティックスのいちばん重要なポイントは、情報を認知するための努力を最小化して即座に結論を得るための簡便な手法という点にあります。

しかし、複雑な問題を単純に理解しようとすると、重要なことが取り除かれ、伝える情報と伝えない情報がうまく操作されることで、事実と異なる認識が形成されるリスクがある。

だから本来、人間はヒューリスティックスを用いずに、複雑なものを複雑なまま受け止めるために時間と労力をかけなければなりません。しかし、人はすべての問題にそのような時間と労力をかけることはできません。そこでヒューリスティックスが必要なのです。

よって、官僚が提供する「ポンチ絵」に対抗したいのであれば、もっとわかりやすい「ポンチ絵」をつくるか、もっとわかりやすい手段を提示することが必要だと思います。

そして、「現代版ポンチ絵」として注目されるのがフェイスブックです。

いまフェイスブックの世界で、写真でメッセージを伝え、文字でそれを補うという方式が世界的に使われようとしています。フェイスブックこそ、「現代版ポンチ絵」、現代の草双紙だと思います。

フェイスブックで重要なのは写真やインフォグラフィックスといわれる「ポンチ絵」。写真は一瞬でメッセージを伝えるツールで、重要なヒューリスティックスの手段なのです。

数字と具体例の使い方のコツ——原

官僚が使う説明資料で典型的なものは、文章で説明した簡単な一枚紙と、「ポンチ絵」というセットですね。このなかに出てくる要素として大事なのは、「数字」「具体例」「比較」という三点セットです。

「数字」というのは、最初にお話しした絵画ファンドでの、価格推移折れ線グラフと同じことです。つまり、単に「絵画は価格が上がり続けています」というのではなく、データという形できちんと見せるわけです。

たとえば、新しいタイプの悪徳商法が出てきて、役所の担当官が、これを取り締まる法改正を考えたとしましょう。改正法案の中身を政治家に説明することになるわけですが、この場合、まず最初に説明するのが、「こういう新しい悪徳商法が出てきて、被害が広がっています」という話。ここで、被害件数の「数字」が大事になるのです。

単に「広がっています」というのでは、説明を受けた政治家もピンときません。しかし、たとえば、「全国の消費生活センターへの苦情相談が過去一年間で○万件。過去三ヵ月に限れば、苦情相談全体の三割を占めています」などという数字の説明があれば、「あ、そんなに大変な状況なんだ」と納得できる。政治家自身が、地元の支援者たちやほかの政治家から、その法案について問われた場合にも、そういう数字を持っていれば、自信をもって説明できるわけです。

「具体例」も大事です。悪徳商法に対応する法改正の説明というケースでいえば、これは、被害の具体例を示す。たとえば「七〇歳のおじいさんが、ちょっとした稼ぎになるといってだまされて、一〇〇〇万円もの被害を受けた」などという、いかにもかわいそうな事例を示すのです。そうすると、説明を受けた側は、「これは何とかしなければ」ということになる。

このケースで、抽象的に「こういうタイプの悪徳商法が最近広がっています」というのと、「数字」と「具体例」を伴った説明をするのとでは、「つかみ」がまったく違うわけです。ここで、お客さん（政治家）の心をつかんで、「これは何とかしなければ」と思ってもらえれば、あとはスムーズです。

逆に、最初に心をつかみそこなって、「何だかよくわからない話だな」と思われれば、そのあと法改正の方向性の説明をいかに完璧にやっても、「まあ、今国会では、ほかにも重要法案がたくさんあるし、急がなくていいんじゃないの」といった反応になる。

「数字」と「具体例」の使い方には、コツがあります。有《あ》り体《てい》な言い方をすれば、都合よくつくっている場合もあります。

たとえば、先ほどの悪徳商法に対応する法改正の例で、とてもかわいそうな被害事例をあげ、被害件数〇万件といった数字を説明する、という話をしました。ですが、そんなにかわいそうな事例が本当に〇万件も起きているわけではないのです。

だいたいこういう場合であれば、最も同情に値し法的な対応の必要性を説明できる事例を二つか三つ、選びに選びぬく。一方で、「これはむしろ消費者側に問題があったのでは」と思われる事例や、そもそも被害に至っていない問い合わせレベルの相談などもあるのですが、そういうのも全部ひっくるめて「苦情・相談件数」として数字をつくってしまう。都合の悪い事例は、説明しないわけです。

それでも、「数字」と「具体例」がセットになって示されていると、そういうかわいそうな事例が○万件も起きているような錯覚を起こしてしまう。

これは、利殖商法などで、「私は半年で○百万円稼げました」などという事例と、会員数の増加データがセットで紹介されているのと似ていますね。これを見ると、「すごく稼いでいる人たちがどんどん出てきて、会員も増えているんだ。自分も乗り遅れてはいられない」と思ってしまうわけです。

しかし多くの場合、稼いでいる人たちよりはるかに多く、損をしている人たちがいる。会員数が増えているとはいっても、損をしている人が増えているのが実態ですが、そこは説明しないわけです。

「数字」のトリックは、真柄さんも、竹中大臣時代など、いろいろとご経験されているのではないでしょうか。

格差とシャッター通りのトリック――真柄

竹中大臣時代は、財務官僚だった髙橋洋一《たかはしよういち》さんや経産官僚だった岸博幸《きしひろゆき》さんらが「大臣の目、大臣の耳」となって、別ルートからの情報収集を行いながらペーパーをチェックしていましたので、大臣には役所的な「数字」のトリックはあまり通用しなかったのではないかと思います。

いまからふりかえって、「数字」のトリックで最も深刻だったのは、民主党が使い、マスコミが宣伝した、格差社会批判であげた数字の国民への影響でした。民主党政権が崩壊したいまであれば、民主党がいう数字を疑いの目で見る人が多いかもしれません。ただ政権交代前は、ほとんどの人が「数字」のトリックを無条件で受け入れたのではないかと思います。

二〇〇六年一月二三日の衆議院本会議で、当時民主党代表だった前原誠司《まえはらせいじ》氏は、小泉改革が社会の格差を拡大したと断定して、その根拠を以下のように述べました。

「小泉改革は社会の格差を拡大いたしました。小泉総理の在任中に、所得の不平等指数であるジニ係数は〇・四七から〇・五〇へと拡大をしています。二〇〇五年には、貯蓄がないという世帯の割合が約二三％に上り、一九五三年の調査以来最悪の数字となっております。さらに、雇用の現場では、いわゆるパート、アルバイト、派遣など正社員以外の雇用形態で働く人が増加する一方で、フルタイマー、正社員との賃金格差が拡大をしています」

前原民主党代表がこの代表質問で用いた数字は実にトリッキーです。

まずジニ係数は、厚生労働省の『所得再分配調査報告書』の一九九九年と二〇〇二年の当初所得です。この数字の使い方には二つの点で問題があります。

第一に、二〇〇六年段階で、一九九九年と二〇〇二年を比較していることです。これは二〇〇一年に発足した小泉政権の政策の影響を見る数字としては不適切です。特に、二〇〇三年以後の景気拡大効果を反映していないという点でも問題です。

第二に、当初所得で格差が拡大したといっていることです。前原代表が行った一九九九年と二〇〇二年のジニ係数の比較においても、当初所得ではなく、再分配所得のジニ係数を見れば、〇・三八一四から〇・三八一二へと格差は縮小しているのです。

では、格差を見るうえで、当初所得を見るべきなのでしょうか、再分配後所得を見るべきなのでしょうか。当時、格差批判の論陣を張って大きな影響力を持っていた橘木《たちばなき》俊詔《としあき》先生は、著書『格差社会—何が問題なのか』（岩波新書）のなかで、格差の現状を検証する際に使用したのは「ほとんどの場合が再分配後所得」としています。税や社会保障の所得再分配効果の分析も可能だからこそ、「所得再分配調査」を使うのです。

つまり、小泉政権下において税や社会保障政策によって格差が拡大したというためには、税と社会保障の結果としての再分配後所得を用いて批判すべきなのです。ところが再分配後所得を見ると、一九九九年から二〇〇二年にかけて改善している。これでは格差の原因は小泉政権だといえない。だからこそ、当初所得の数字を用いて格差批判を展開したのです。

また前原民主党代表は、代表質問のなかで、格差拡大を訴えるのに無貯蓄世帯の増大を根拠にしました。前原代表が用いた無貯蓄世帯とは、金融広報中央委員会の『家計の金融行動に関する世論調査』の、二人以上世帯で金融資産を保有していない世帯のことと思われます。二〇〇五年には二二・八%でした。

当時、この数字は衝撃をもって受け止められました。しかし、この「数字」にもトリックがあります。トリックは金融資産の定義にあります。

この調査においては、金融資産には事業性の預貯金等および給与振込や振替等の一時的にしか口座にとどまらないような預貯金等は含まない、とされています。たとえば、勤労者で給与振込口座以外の口座を保有しない場合、「貯蓄がない世帯」の扱いということになるでしょう。

総務省の『平成一六年全国消費実態調査』によると、二〇〇四年の二人以上世帯の預貯金保有率は九八・五%です。この総務省の調査を用いれば、預貯金を保有していない世帯は、わずか一・五%。この『平成一六年全国消費実態調査』によれば、定期性預貯金率は八二・

五％であり、定期性預貯金を持っていない世帯は一七・五％ということになります。この定期性預貯金を持たない人の割合が『家計の金融行動に関する世論調査』の金融資産を保有していない世帯の二三％により近い数値になります。

超低金利が続いているなかで定期性預貯金を持つインセンティブが下がっている可能性があり、勤労者の場合には、給与振込口座のみ持つ人も考えられます。

以上のように、『家計の金融行動に関する世論調査』の金融資産のデータを用いて、前原代表が「貯蓄がないという世帯の割合が約二三％」を格差の根拠というのは、「数字」のトリックといわざるをえません。

また、二〇〇七年一月二九日の衆議院本会議では、民主党代表の小沢一郎《おざわいちろう》氏が、小泉・安倍政権の六年間で日本は世界で最も格差のある国になったと批判し、その根拠の一つとして「サラリーマンの四人に一人は年収二〇〇万円以下」と指摘しました。

しかしこの議論は、年収二〇〇万円以下の層が持つ資産を無視しています。総務省の『平成一六年全国消費実態調査』によれば、年収二〇〇万円以下の勤労者世帯は、資産総額が七四〇・七万円、貯蓄現在高は三〇四・五万円です。

このように、政権交代前に小泉政権が格差を拡大したという批判には「数字」のトリックがたくさんあります。いまなら民主党は、これらは格差批判の根拠としての「数字」のトリックだったと認めるかもしれません。なぜなら、そうした数値は民主党政権下でどんどん悪化しているから。民主党政権は、小泉政権以上に格差を拡大させる新自由主義政権だ、ということになってしまいます。

そして、「具体例」です。格差批判でマスコミによく使われた「具体例」は「シャッター通り」の映像ですね。しかし、「シャッター通り」の原因が小泉改革というのは間違いです。「シャッター通り」の原因は、日本がクルマ社会化し、客の流れが郊外の大型店舗に向かったことであり、また、商店街の商店の持ち主が他人に貸さずにシャッターを閉めたままにしておくほうがいいと考えているからでしょう。だから、小泉政権が終わって民主党政権になっても、「シャッター通り」が消えたという話は聞いたことがありません。

ところが、格差の「数字」のトリックと「具体例」としての「シャッター通り」が格差批判の渦となって、政権交代をもたらすパワーになりました。

「みんなやっている」の罠――原

さて、「ポンチ絵」の作り方に戻りましょう。「ポンチ絵」の作り方の三点セットのうち、三番目が「比較」です。これは、小学生が親に物を買ってもらいたいときに、「みんな持ってるよ」というのと同じ。子どもと会話した経験のある人は多いでしょうが、「みんなって誰？」と聞くと、「だから、みんなだよ」としか答えない。結局、問い詰めると、三〇人のクラスメートのうちたった一人だったりするわけです。

これは、官僚の説明の場合、「他国との比較」や「他分野との比較」という形をとります。「他国との比較」というのは、たとえば、新しい制度を導入するときに、「ほかの国では、すでに同様の制度を導入済み」という説明をする。「他分野との比較」は、たとえば、ある産業分野で新しい政策を導入するときに、「ほかの産業分野では、すでに導入済み」といったことです。つまり、先ほどの小学生流にいえば、「ほかの国では、みんなやってるよ」、あるいは「ほかの産業では、みんなやってるよ」といったところです。

官僚の場合、さすがに小学生とは違い、単に「みんな」とはいいません。具体的に、欧米諸国の制度例などを示します。ただ、実際には「みんな」ではない、というところは似ています。

つまり、ここでも、説明資料で示すのは都合のよい例だけ。たとえば、ドイツではまったく違う制度がとられている場合は、ドイツは資料から落として、アメリカやイギリスなど都合のよい例だけ示す。資料では、四つの国の制度例が示されているが、その裏には、まったく違う制度例の国が一〇ぐらいあるかもしれないわけです。

さらに、用意周到な官僚であれば、「ドイツはどうなの？」と突っ込まれたときに備えて、「ドイツの場合は、こういう特殊事情があって、違う制度がとられているようです」という言い訳も用意しておきます。これは、説明資料には載せずに、問われたときのため、頭のなかに入れておくわけです。

悪徳商法の場合でいうと、チラシに有名人の名前を出して、「○○さんも、××さんも、この商品を愛用しています」と宣伝しているのが、これに近いかもしれません。「有名人たちがみんな使っているんだ」と錯覚《さっかく》するかもしれませんが、もちろん、星の数ほどいる有名人のうちのたった一人か二人です。

「バスに乗り遅れるな」の罠――真柄

「みんなやっている」というのは説得力があります。そして、自分だけが「バスに乗り遅れる」のではないかという不安感を掻《か》き立てる言葉でもあります。

これは「常識」が大きく崩れるときに起こります。

多くの人は、常識を参照基準にして日々の判断を下しています。常識というのは、普通の人が日常生活で用いるヒューリスティックスの一つです。しかし、外部環境に大きな変化が発生すると、自分が所属している集団の参照基準も見直さなければならない時がやってきます。

人々は、何を参照基準にすればいいのかわからなくなります。このとき、外部の変化に適応して、常識を変えろという改革派と、外部の変化は排除して、いままでの常識を守れという現状維持派が対立します。日本ではこの状況が二〇年続いているといってもいいでしょう。

ここでいう常識とは、日々の出来事を人々が判断するための参照基準です。この参照基準が変わることは、人々にとっては大きなストレスとなり、できれば変えたくないという人のほうが多い。だからこそ、改革は遅れ気味になってしまうのです。

しかし、どうも参照基準がずれていて、自分たちだけが間違っているようだと気づく瞬間が来る。そうなると、人々が「バスに乗り遅れるな」と、一気に新しい参照基準を受け入れて、改革支持の雪崩《なだれ》現象が起こります。

この「バスに乗り遅れるな」の雪崩現象を起こす参照基準は、簡単でなければならない。つまり、新しいヒューリスティックスでなければならない。そのときに有効なヒューリスティックスこそが、「みんなやってます」というものです。

この手法は日本に伝統的なもので、使うのは官僚だけではありません。たとえば、労働組合ではアメリカを引き合いに出しています。

連合（日本労働組合総連合会）の二〇〇八年一〇月二三日の「歴史の転換点にあたって〜

希望の国日本へ舵《かじ》を切れ」には、「アメリカでは『チェンジ』を掲げるオバマ大統領の誕生への期待が高い。世界は、アメリカは、変わろうとしている。日本は変われないのか」と書かれています。これも「みんなやってるよ」ということで政権交代を先導しようとしたのでしょう。

そして、民主党政権下の増税キャンペーンでも、「みんなやってるよ作戦」をとりました。それは重税国家のモデルとしてスウェーデンを称賛するもの。スウェーデンは、税金は重いが社会保障は発達していますよ、そのほうがいいですよね、というキャンペーンでした。

しかし、増税のための便法としてスウェーデンを持ち出す「にわかスウェーデン派」は、スウェーデンの国民性はリスクをとる気質で、市場は競争的で、多くの国民が英語を話し、グローバル化していることに沈黙します。保育士たちが株式会社方式で保育園を経営していることに沈黙します。

「にわかスウェーデン派」が何よりも見て見ぬふりをするのは、スウェーデンの中央銀行の金融政策です。スウェーデンの中央銀行は絶対にデフレにならないように大胆な金融政策を行っています。経済成長が失速したら社会保障を維持することができないことを理解しているのでしょう。

なぜか、日本の増税派の多くは同時にデフレ支持派です。だからスウェーデンの重税は魅力的ですが、スウェーデン中央銀行の反デフレ政策は好ましくないのです。そこで重税の部分だけつまみ食いをするのです。

自分で時間と労力を惜しまずに調べればわかるのですが、時間を節約しようとすると、こうしたつまみ食いの議論にまんまとひっかかってしまいます。逆に官僚にすれば、自分で調べる労力をかけさせないように、その一枚で理解できたと思わせる「ポンチ絵」をつくらなければなりませんね。

相手の顔を思い浮かべて資料作成——原

説明資料で、もう一つ大変大事なのは、「オーダーメイド」ということです。文章の一枚紙と「ポンチ絵」が基本形だという話をしましたが、どの政治家にも同じ資料を使うわけではない。相手によって、微妙に説明を変えるのです。

同じ政策について説明するのでも、言い回しを変える。たとえば、小泉改革を推進した政治家たちに説明するときは、「この政策は小泉改革の延長線上」という趣旨の枕詞《まくらことば》を入れ、一方で、反小泉改革の政治家たちに説明するときは、そのフレーズは落とす。

また、あまり興味を持ちそうになく、単にOKをもらえばよい政治家には、ごく簡単な資料だけ。積極的に味方になってくれそうな政治家には、やや詳しい資料を用意するといったこともあります。補助金がからむ政策であれば、政治家ごとに、その政治家の地元の事業を支援対象候補として入れておくといったこともあります。

政治家の側からすると、説明資料は一つしかないと思っていますが、実はいくつものバージョンが存在するのです。若手の官僚がうっかり資料を間違えて、敵対する政治家の地元のことを書いた資料を渡したりすると、上司に大目玉を食らう。

私が役所に入って間もない頃、先輩から、「資料は、説明する相手の顔を思い浮かべながらつくれ」という指導を受けました。これは、なかなかよい指導だったと思います。

相手の顔を思い浮かべ、脳内で説明をシミュレーションしながらつくっていると、その相手が脳内でいろいろと指摘をしてくれる。つまり、「あの人だと、こういう指摘をするかもしれないな」ということがわかるので、「それでは、このあとに、指摘に対応した説明を入れておこう」という対応があらかじめできるのです。

官僚が政治家に説明している場面で、よく出くわしますが、説明の途中で政治家が「こういう問題があるんじゃないか」と指摘すると、官僚の側が「その点は次に書いてあるのですが……」といって、資料に沿って説明を続ける。指摘された問題に対する答えは、次にちゃんと書いてあるのです。これは、まさに、説明する相手を考えながら脳内シミュレーションをやっているからこそ起きることだと思いますね。

簡便で楽な説明資料の落とし穴——真柄

私も原さんからレクを受けたときに、「その点は次に書いてあるのですが……」といわれた経験があります。脳内シミュレーションで、完全に見抜かれていました。野村克也《のむらかつや》監督のID野球の政策版のようです。

「資料は、説明する相手の顔を思い浮かべながらつくれ」という指導というのは凄い。すべてのプレゼンテーションの基本です。

さて、この章では説明資料の作り方について原さんに説明していただきましたが、「ポンチ絵」のわかりやすさとオーダーメイドの丁寧さは、日本最大のシンクタンク「霞が関」が提供するサービス・ツールの真髄のように思います。

このサービス・ツールの虜《とりこ》になった政治家は、官僚のみなさんがつくる説明資料があまりにも簡便すぎて、依存症になる。依存していれば楽だから、この楽さ加減を覚えると、抜け出せなくなる。こうして官僚主導型の政治家が誕生していくわけです。

改めて思うのは、簡便であること、楽であることには、大きな代償を伴うということです。それは、主導権を譲り渡すということです。たとえば、シェフお任せコースは、シェフを信じて何を食べるのかの判断を委ねてしまうこと。これが政治でいえば、官僚お任せコースになるわけです。

ですから、政治主導のためには、労力とコストを惜しまずに、自分で考え、自分で調べ、自分で政策をつくり上げることが必要になります。

それは、簡便で楽な道を拒絶すること、そして、自分の主義主張をサポートしてくれるスタッフやシンクタンクの協力を得ることです。ただ、それにはコストがかかります。

一方で、官僚の簡便で楽なサービスは無料です。官僚主導をやめて政治主導に変えていくには、ここに大きな壁があります。

同様に、悪徳商法対策も、基本的には、自分で考え、自分で調べる労力を惜しまないことが大事なのだと思います。

簡便で楽な理解を助けてくれる説明資料は、実にトリッキーです。この説明資料に基づく判断にはリスクを伴います。それでも自分で調べる労力を惜しんで便利な説明資料で判断しますか——これがこの章の締め括りの問いかけです。

第五章　「松・竹・梅」——誘導するための三つの選択肢

セールスの「松竹梅」方式とは――原

セールスには、商品を一つだけ持って行って、ともかくそれを売るケースと、いくつかの選択肢を示して、そのなかから選ばせるケースがあります。後者でよくあるパターンは、「松・竹・梅」の三つを示すこと。一見顧客に選択を委《ゆだ》ねているようですが、実は、「あれっ、これだったら竹がお得じゃないか」といって飛びついてしまう仕掛けになっているのです。

実は、顧客には三つとも買わないという選択肢もあったはずなのに、「松・竹・梅」を示したことで、いつのまにか「竹」に誘導されるわけです。

官僚の政治家への説得の場合も同じです。たとえば、法案ができあがった段階での説明は、もう商品が決まっているので、その説得。これに対して、方針を決める前の段階での説明があります。「いくつかの選択肢があるのですが……」といって、政治家にどれを選ぶかを相談しているような風情ですが、実際には、誘導したい選択肢はもう決まっていたりするのです。

こういう場面でよく使われるのが、「メリット・デメリット表」というもの。複数の選択肢について、それぞれのメリットとデメリットが整理されている。こういう形で示されると、一見、中立的に整理された資料のように思いますよね。

しかし実際には、選択肢Aのデメリットは、とるに足らないことだったり、手を打てば解決可能なことだったりする。これに対して選択肢Bのメリットは、実益のほとんどない話で、一方デメリットは、深刻な問題が指摘されている。こうなると、「あ、これは選択肢Aだよね」となるわけです。

ここで注意すべきことは、本当は、選択肢Aと選択肢B以外にも、別の選択肢があったのかもしれない、ということ。しかし、こうやって選択肢を複数示されると、あげられた選択肢のなかで比較する方向に誘導されてしまうわけです。

逆に、もし最初から、選択肢Bは示さず、Aだけを「案」として示していたなら、説明を受けた側は、「ほかにも、案はないの?」と反応したかもしれません。しかし、こうして選択肢を提示したことで、選択肢Aへの誘導がスムーズにできる。これは、セールスでの「松竹梅」方式と一緒ですね。

菅首相が官僚にだまされた三択――真柄

たとえば、たまには奮発して美味しい鰻《うなぎ》を食べようということで、高級な鰻屋に行ったとします。そこに、「松・竹・梅」の三つのコースがあった場合、原さんはどれを選ぶでしようか。私はほぼ間違いなく竹コースを選びます。

せっかく、今日はプチ贅沢《ぜいたく》をしにきたのだから、「梅コース」ではさびしい。だけど、「松コース」はちょっと贅沢すぎる。こういう人が多いのではないでしょうか。

官僚がつくる「三択」も、こうした真ん中に収斂《しゅうれん》しようとする庶民意識を熟知していて、だいたい真ん中の「竹コース」を選ぶように誘導しているものが多いように思っていました。原さんの説明で、やはり誘導されていたのだと、よくわかりました。

官僚が提示する「三択」のなかからどれか一つを選択するという手順は、政治主導ではなく官僚主導です。ところが、民主党政権は、官僚が提示する「三択」からどれか一つを選択することを政治主導だと勘違いしていたようです。

菅直人《かんなおと》首相は二〇一一年八月一一日の参議院予算委員会で、政治主導について以下のように述べています。

「私たちが考えたのは、内閣においてもきちっと、それこそ官僚が一つしか提案を持ってこないのではなくて、いまもおっしゃったように、せめて二つか三つは提案を持ってくるように、その判断を、大臣一人ではなくて、副大臣、政務官など政務のメンバーでやっていくと、そういうことを目指してこの政治主導ということを進めてきたわけであります」

つまり、官僚が持ってくるのは複数案であること、その複数案からの選択は大臣一人ではなく政務三役で判断することが、政治主導だというわけです。

ところが複数案をつくり上げる段階で、そのなかの一つの案に、誘導する仕組みが組み込まれている。事務方が「松・竹・梅」の三案を用意したときは、真ん中の「竹コース」に結論を持っていくように仕組まれているわけです。

だいたい、「松コース」は理想的だが非現実的、「梅コース」は現状追認、よって「竹コース」が現実的な改革コースだ、といった感じです。

最近の例で、「松・竹・梅」の三コースを提示して、真ん中の「竹コース」に誘導しようとしているものにはどんなものがありますか。

原発依存度の「おとり選択肢」――原

最近の例で、民主党政権が、原発依存度について「〇%」「一五%」「二〇〜二五%」という三つのシナリオを示したことがありました。このシナリオは、「一五%に誘導しよう」という意図だったと思います。結果的には失敗して、多くの国民は「〇%」のほうを支持するのですが、シナリオの資料だけ見ると、「一五%に……」という意図は明確だった。

どういうことかというと、原発依存度を大きく下げた場合に懸念されるのは、経済への悪影響です。政府の資料では、この三つのケースそれぞれについて、二〇三〇年のＧＤＰに与える影響を数字で示しています。

■〇%の場合：マイナス四六兆～八兆円の影響
■一五%の場合：マイナス三〇兆～二兆円の影響
■二〇～二五%の場合：マイナス二八兆～二兆円の影響

この三つを見てどう思うでしょう？「〇%」の場合は、明らかに悪影響が大きい。原発依存度を下げたいのはやまやまだが、下げるほど、やはり悪影響は大きくなるのだな、と数字で示されているわけです。

一方で、残りの二つを見比べると、ほとんど差がない。それだったら、「一五%がお得じゃないか」と思いませんか。

これは、行動経済学の本で「おとり選択肢」として紹介される事例と、実はそっくりです。よく紹介されるのは、やはり三つの選択肢を示して、次のような条件を示す例。

■商品Aだけ買うと一〇〇円
■商品Bだけ買うと二〇〇円

■商品AとBと両方買うと二〇〇円

これだったら、「両方買う」が見るからにお得です。そうすると、本当なら「商品Aだけでいいや」と思ったかもしれない顧客まで、明らかにお得な選択肢があるため、「両方買う」に誘導されてしまう。

このケースでは、「商品Bだけ買う」という選択肢が「おとり選択肢」です。実際にこれを選択する顧客はまずいないでしょうが、この「おとり選択肢」を示すからこそ「両方買う」に誘導して、本当は商品Aしかいらない顧客にまで二〇〇円を払わせることができるわけです。

先ほどの原発のシナリオでいうと、「二〇〜二五%」が「おとり選択肢」。これを使って「一五%」に誘導しようという説明資料と考えてよいでしょう。

市民を無視した民主党の結末——真柄

この原発依存度についての三択問題は、明らかに真ん中の「竹コース（一五%）」が落とし所だったように思います。

二〇一二年九月一四日に政府のエネルギー・環境会議が決定した「革新的エネルギー・環

境戦略」では、「二〇三〇年代に原発稼働ゼロを可能とするよう、あらゆる政策資源を投入する」とされています。ゼロという言葉に注目すると「ゼロ案」のようですが、そうではありません。まず、「二〇三〇年」ではなく「二〇三〇年代」となっている点です。そして、「原発稼働ゼロとする」ではなく「原発稼働ゼロを可能とする」としている点です。

たとえば、二〇三九年に原発稼働ゼロを可能にしていればよい、ということになるのでしょう。「革新的エネルギー・環境戦略」別紙によると、このシナリオでは二〇三〇年には省エネ量は、石油七二〇〇万キロリットル（一九％減）、節電量は一一〇〇億キロワット時（一〇％減）などとなっていますが、この数字は「一五％」案の数字と同じです。

それでは、なぜ政府は、結論は「一五％」ですと正直にいえないのか。一つの理由は、二〇一二年八月に開催された討論型世論調査に参画した無作為抽出の人々が「〇％」案を選択してしまったからです。

討論型世論調査（Deliberative Polling）とは、討論をしたあと世論調査を行うもので、熟議型世論調査という訳も使われています。討論型世論調査とは、専門家の意見や討論によって国民の意見が変わる可能性があることを無視している現在の世論調査の問題点を克服するものです。

熟議という観点から見たとき、利害関係のない無作為に抽出された市民は、利害関係が発生してしまうリスクが高い有識者よりも、公共性の高い判断ができると考えられます。無作為抽出によって市民が政治を支えるという民主主義の在り方の原点は、古代ギリシャにさかのぼるものです。

ただ日本では、これはポピュリズムだといって批判されることが多い。しかし日本でも、裁判には無作為抽出の市民による裁判員制度があります。最終審ではないが、死刑判決すら下します。司法において死刑判決すら無作為抽出による市民が下せるのに、なぜ、立法判断ができないと考えるのでしょうか。

そして政治家は、世論調査に敏感に反応して政治行動をとります。だったら、無作為抽出の市民に熟議をしてもらい、その結果を参考にすればいいのではないでしょうか。

無作為抽出の市民による熟議を民主主義の基本にしようという考えの政治学者は世界中にいます。なかには、二院制の議会の上院を無作為抽出による市民の府にしてはどうかという意見があります。下院の優位を前提に、上院では法案ごとに無作為抽出の市民で審議するというのは、間接民主主義と直接民主主義の組み合わせとして面白い案だと思います。

討論型世論調査という手法は一九九〇年代から広がったもので、スタンフォード大学のジェームズ・S・フィシュキン教授が中心メンバーとなって、ヨーロッパ、アメリカ、中国などで行われています。

この討論型世論調査は、日本では神奈川県で試験的に実施されたことがありますが、政策に影響を与える形では、「エネルギー・環境の選択肢に関する討論型世論調査」での原発依存度の選択が初めて。二〇一二年八月四日～五日、慶応義塾大学三田キャンパスで討論フォーラムが開かれました。この調査にはフィシュキン教授も関与しています。

この結果、「〇％」案支持者は、討論や学習を経て、三二・六％から四六・七％に増えてしまいました。そのため野田佳彦《のだよしひこ》民主党政権は、この世論を無視できなくなりました。「一五％」案支持者は、討論や学習を経て、一六・八％から一五・四％に減りました。また「二〇～二五％」案支持者は、一三・〇％のまま横ばいでした。

官僚の「松・竹・梅」三択案の提示による誘導は、無作為抽出市民による討論型世論調査には通用しなかったのです。これは画期的なことだと思います。

しかし、そこですんなりと「〇％」案を受け入れず、先述したように、政府は「二〇三〇年代に原発稼働ゼロを可能とするよう、あらゆる政策資源を投入する」という文をつくり上げました。あたかも、「〇％」案を受け入れたかのように見せながら、実質的に「一五％」案を選択することにしました。

熟議という言葉を枕詞《まくらことば》のように使う民主党政権が、日本で初の無作為抽出市民による熟議をプロセスに組み込んだ政策決定をしておきながら、市民の熟議の結果を実質的に無視した瞬間です。

ところで、「松・竹・梅」の他に、政治家自らが選択しているように見せかけて、実は官僚主導だという方法はありますか。

官僚がつくる「切りしろ」とは──原

「おとり選択肢」とは別の角度の技法として、「切りしろ」をつくっておくというのもよくあります。商売でいうと、高めの値段をふっかけておいて、ほどほどの値段で商談をまとめる、というのに近い。

政治家や関係者との間で、いろいろと調整が厄介《やっかい》な案件の場合、最初から実現したい提案を持ち出してしまうと、それにケチをつけられて、修正されてしまう可能性が高い。そういう場合、プラスアルファの「切りしろ」をつけておいて、わざと切らせる。その部分をわざと強調して、議論を集中させ、突っ込まれたら、そこを引っ込めるわけです。

審議会で報告書をまとめるときなどにも、こうやって、わざと隙をつくることがあります。役所の審議会での報告書や答申というのは、だいたいの場合、審議会のメンバーたちが自分で書くわけではなくて、役所が文案をつくっています。文案を用意して、会議で議論してもらって、了解をとるわけです。

その議論の際に、「こんな文案じゃまったくダメだ」といった議論が出て紛糾したり、「全面的に書き直し」みたいなことになったら、文案を用意した官僚は大目玉を食います。

ただ一方で、会議の場で「まったく異論なし」というのでは、これまた困る。それでは、「審議会でも議論いただいて、報告書をまとめました」という形式が危うくなってしまうからです。

そこで、根本的な異論は出ないようにしつつ、ちょっとした隙をつくり意見をいってもらう。この微妙なさじ加減が重要です。

審議会での議論を見ていると、よく委員の発言として、「この報告書案は、全般に大変よくできていると思います。全体の方向性はこのとおりだと思うのですが、細かいところで二点ほど……」といったものがある。こういう発言がいくつか続く、というのが理想的な会議運営。これで、全体の方向は事務局案どおりとしつつ、細部で委員の意見も取り入れて、「委員の皆さんのご意見も踏まえて、とりまとめました」という体裁ができるわけです。

これは、自民党の部会での議論などでもあるでしょう。もちろん、最初から「異議なし」でまとまる案件もありますが、うるさ型の多い部会などの場合、そうはいかない。そうすると、根本的なところを議論されないように、わざと細かいところに議論を誘導したりするのです。

真柄さんが関わったなかにも、そうした事例がありませんでしたか？

なぜマスコミは真実を伝えないか──真柄

細かいところに議論を誘導していった戦術の典型例は、金融不良債権問題だと思います。竹中プランの最終的な落とし所についてはいくつかのパターンを考えていました。そのなかで、繰り延べ税金資産の扱いを「最終兵器」として武装するパターンと、その他の施策を「通常兵器」として武装するパターンがありました。実際の選択肢はそのバリエーションがたくさんあったようで、どれだけの武器を持てるかで金融再生にかかる時間が変わるだけだ、という態勢でした。

結局、改革プランの争点を繰り延べ税金資産に集中させつつ、その扱いについては手をつけないという合意が形成されていきました。繰り延べ税金資産という「最終兵器」については検討課題として棚上げし、それ以外の「通常兵器」だけで武装することに合意したのです。

このように、繰り延べ税金資産という「最終兵器」についての議論は、他の「通常兵器」を守るための「切りしろ」の役割を果たすことになりました。そして、「通常兵器」で不良債権処理が進んでいきました。

根本的な異論は出ないようにしつつ、ちょっとした隙をつくって意見をいってもらうという事務局の方式は、少し変形して経済財政諮問会議の運営方式になっています。経済財政諮問会議の事務局機能を掌握した竹中大臣は、「総理の一言」「裏会議での戦略作成」「民間四議員共通の主張」を諮問会議の三点セットとして運営しました。

「民間四議員共通の主張」は、諮問会議の議論をリードする民間四議員連名の政策ペーパーとして提示されていました。この政策ペーパーは、思いきり高い発射台から打ち上げられています。当然、各担当大臣からは異論が続出します。そして、ぎりぎり合意可能な線についての検討を行い、最後は小泉首相が決断するという形で決着をつけました。

竹中大臣と民間議員が妥協を余儀なくされ、最終的には民間議員ペーパーから四割ほど譲歩したとしましょう。マスコミは、これを、改革の後退と批判することもありました。しかし、役所の側から見れば、六割も改革が進んでしまったわけです。このように、長い目で見れば、改革が徐々に進んでいったのです。

このほか、連立政党間の話でも、わざと連立パートナーに花を持たせるために、修正の余地を残しておくという手法をとるという話もよく聞きました。

逆に、細かいところに議論を誘導されてしまったという苦い経験もあります。

二〇〇五年に郵政民営化が政治テーマだったとき、竹中大臣が四〇分から六〇分かけて、なぜ郵政民営化が必要要かを講演することが多々ありました。すると、質疑応答のコーナーで必ず出てくる質問があります。

「竹中大臣のお話で、なぜ郵政民営化が必要なのかよくわかりました。なのに大臣は、どうして、いまみたいな話をしないのですか」

竹中大臣の答えは、「私はいつもこの話をしています。しかし、マスコミが伝えないのです」というものでした。聴衆は必ずここでどよめきました。なぜマスコミは国民が知りたい郵政民営化の必要性を伝えないのでしょうか。

マスコミは既報のものはニュースとして扱いません。だから、常に新情報、新ネタを追いかけます。毎日毎日、何か新しい情報だけを報道します。それは全体から見ればごく一部分の話で、普通の人は、それがなぜニュースとしての価値があるのかもわからない。あまりにも専門的すぎて、全国でたぶん三〇〇〇人くらいしか関心がないことかもしれません。しかし、その三〇〇〇人にとっては死活問題なのです。

テレビでも番組のキャスターは、翌日の朝刊に出るようなネタを引き出そうとして、大臣に細かいことを話させようとします。いまから思えば、竹中大臣サイドとは異なる役所の人が事前レクをして、こういう点を聞くとニュースになりますよと、アドバイスしていたのかもしれません。

しかし、こんなことをしていれば、視聴率は下がり、番組は終わってしまいます。郵政民営化はなぜ必要なのかという誰もが知りたい素朴な疑問には答えずに、ほとんどの人が興味のない細かい議論に入っていくようなことを続けていては、マスコミの自滅につながっていくと思います。

竹中大臣の側近だったころ、大臣が出演した番組のなかで視聴者の素朴な疑問に答えるいい番組だなと特に思ったのは、加藤浩次《かとうこうじ》さんの「がっちりマンデー!!」（TBS）と香取真吾《かとりしんご》さんの「スマステーション!!」（テレビ朝日）でした。

全国で三〇〇〇人くらいしか興味を示さないようなニュース性を追いかけるのではなく、国民の素朴な疑問に答えていく、こうした番組がもっと増えてほしいと思います。マスコミにできないのであれば、ネットでそうした番組が提供できないものかと思っています。

第六章　「脅し」――説得術の奥義

官僚が政治家に使う脅し文句は――原

ここまで述べてきたような、いろいろな説得術を尽くしてもなお、相手が「うん」といってくれるとは限りません。こうしたとき、最後の最後は、「脅し」という技法が使われます。

悪徳商法では、これがよくあります。最初のうちは、人のいい親切なセールスマンを装って、優しく語りかけていますが、しばらく経って、なかなか話が進まないとなると、急に態度が豹変《ひょうへん》するのです。

「さっき一度、契約するようなことをいわれたので、もう会社には連絡して、手続きを進めてしまっています。これからやめるというなら、違約金が生じますよ」

などといい出すわけです。お客さんの側が、途中でちょっと乗り気な姿勢を示していたりすると、そこを捉えて「お客さんの責任」だと言い募ったりする。

官僚の政治家に対する説得でも、この「脅し」というのが、最後の最後には出てきます。

「違約金が生じますよ」と似たものとして出てくるのは、「訴訟になりますよ」というものです。たとえば、政治家がある政策プランを主張して、官僚がそれを抑え込もうとする場面で、官僚が「先生のいわれているような制度にしたら、訴訟になる可能性があります」というわけです。

この場合、訴訟になるといっても、通常は政治家個人が損害賠償を求められるわけではありませんが、それでも「訴訟沙汰になった政策をつくった張本人」ということになれば、政治家としては大きな汚名を残すことになります。これは避けようと考えるのでしょう。

国内の「脅し」、外国の「脅し」——真柄

私自身の政治家スタッフの経験で、訴訟リスクを恐れて政策プランを取り下げたものは、人事院勧告を無視して公務員給与を引き下げるというものです。これ以外はなかったと思います。

政治家のスタッフとして、「訴訟リスクがありますよ」と官僚のみなさんから聞いたときには、「受けて立てばいいではないですか」と答えてきました。立法・行政・司法はそれぞれの役割を粛々と果たせばいいのであって、司法判断がどうなりそうだといって、立法と行政が影響されてはいけないでしょう。

私は、立法と行政を担う政治家が訴訟リスクを恐れる理由はよくわかりません。立法府あるいは行政府の人間として自分の政策プランを信じているならば断行し、司法がそれに対して何か判断をするならば、それを受け入れればいいだけの話です。自分の政策プランに信念を持っていれば、訴訟になっても絶対に勝てると思うはず。立法府や行政府の人が訴訟にな

るといわれて引っ込めるようなら、三権分立は成り立ちません。

ところで、私が鮮明に覚えている官僚からの最初の「脅し」は、「そんなことを代議士がいったら、代議士の経歴に傷がつきますよ」というものでした。

冷戦が終わる直前の一九八八年四月のことですが、当時外務政務次官だった浜田卓二郎《はまだたくじろう》代議士がアメリカのハーバード大学で講演することになりました。私は浜田代議士が代表幹事をしていた政策集団のスタッフとして、この講演の草稿づくりを担当しました。そして、間もなく冷戦が終結して新しい世界秩序を迎えることを視野に、多極相互依存の世界の到来への準備をしよう、という趣旨の原稿を用意しました。

浜田代議士は外務政務次官だったので、その草稿を当然、担当の外務官僚に見てもらうことになりました。そうすると、「ゴルバチョフの微笑み外交は西側に対する挑戦であり……」といった感じに、跡形もなく全面的に書き換えられてきました。そのときに、原案のまま講演をしたら「代議士の経歴に傷がつきます」といわれたわけです。

私は当時、冷戦は間もなく終結すると考えていたので、「ゴルバチョフの微笑み外交は西側に対する挑戦であり……」などと講演したら、かえって、冷戦終結後に代議士の経歴に傷がつくと考えて、書き換えを拒否しました。すると役所の説得要員は次々にランクが上がっていき、最後は幹部の人が出てきて、この講演は個人的見解と述べるということを条件に、ほぼ原案通りに進めることで決着、「なかなかよくできていますよ」と、お墨付きまでもらいました。

講演原稿は微修正にとどめて、「ソ連もゴルバチョフ大統領の下、冒険主義的外交政策の意志を低減させることを表明している一方で、アメリカは地球的規模のコミットメントを再検討しているようです。大戦後を特徴づける米ソを頂点とした二極体制＝東西関係が変貌しつつあります」と講演することになりました。

この内容はいまなら当たり前の話ですが、一九八八年四月の段階で、個人的見解と断ったとはいえ、外務政務次官がスピーチするには勇気のいる内容だったと思います。結局、講演はハーバード大学でも高い評価を受けました。政治家自身によほどの見識と胆力がなければ、役所から代議士の経歴に傷がつくといわれると、躊躇《ちゅうちょ》するものだと思います。

話は逸《そ》れますが、一九八八年当時の日本の外交当局が「ゴルバチョフの微笑み外交は西側に対する挑戦であり……」などという感性だったから、北方領土返還のチャンスを逸したのではないかと、私はいまでも思っています。同じ時期に、ドイツは東ドイツを「返還」してもらっているのですから。

ゴルバチョフ時代のソ連共産党は、党綱領で、日米欧三極の資本主義国家間の対立が激化しているという世界情勢の認識を示していました。この世界観から見ると、ソ連はヨーロッパや日本をアメリカから引き離して中立化するという戦略的利益のために、領土問題で譲歩する可能性があったと思います。

これはスターリンの死後から一九五〇年代半ばにかけてと似た時期です。一九五〇年代半ばには、ソ連の周辺諸国を中立化させてアメリカとの間に緩衝地帯をつくるという戦略があったようです。一九五六年の日ソ国交回復宣言の歯舞《はぼまい》・色丹《しこたん》の引き渡し合意は、フィンランドのポルカラ海軍基地の返還や、オーストリアからのソ連軍撤退と連動したものととらえるべきです。

だから今後も、国際環境次第で、北方領土が返ってくる可能性はあると思います。そこに必要なのは、ロシアが領土を譲ってでも手に入れたい戦略的利益です。

「脅し」という説得術の観点から注目されるのは、日ソ間の合意直前の一九五六年八月一九日、ロンドンにおいて、日本が返還を求めるべき領土はどこかについて沈黙をしてきたアメリカが、一転して四島返還論を明確にしたことです。

このときアメリカのジョン・ダレス国務長官が、重光葵《しげみつまもる》外相に対して、「もし日本がソ連に千島の完全な主権を認めるなら、我々は同様に琉球に対して完全な主権を主張しうる地位に立つ」「もし日本が千島の主権を南北に分けることが可能かどうかを問うのであれば、アメリカは再考するかもしれない。アメリカはすでに北部琉球（註：奄美《あまみ》諸島）を返した」と述べたのです。

この意味するところは、国後《くなしり》・択捉《えとろふ》は日本の固有の領土だからソ連に渡すな、国後・択捉をソ連に渡すならばアメリカは沖縄を返さない、ということ。このダレスの「脅し」によって、北方領土問題は日ソ間の楔《くさび》となり、日本が親ソ化することの歯止めとなったといえるのではないでしょうか。

こうして、冷戦下においても日本は中立化することなく、反ソ・反共の最前線基地であり続けたわけです。アメリカの国益の観点から、これは実に見事な「脅し」だったと思います。

日本は、国内政治で頻繁に使う「脅し」を、外交ではあまり使わないように見えます。そこで改めて原さんに質問ですが、「脅し」のロジックとはどのようなものなのでしょうか。

「プロスペクト理論」とは何か――原

「脅し」の効果は、行動経済学の「プロスペクト理論」で考えると、理解しやすいかもしれません。

プロスペクト理論では、伝統的な経済学の効用関数の代わりに、現状の基準点をベースに、利得と損失が生じたことによる価値の変化をとらえる価値関数を使います。実験での検証によれば、同じ量の利得、たとえば一〇〇円の利得によって感じる価値の増大と、一〇〇円の損失によって感じる価値の減少を比較すると、後者のほうがずっと大きく感じるとされる。これは「損失回避性」と呼ばれるものです。

たとえば株式投資の世界で、利益確定は早くなりがちで、損切りは遅れがち、というのは、この理論で考えるとわかりやすい。

説得の場面での「脅し」というのは、要するに、人々にとって嫌な「損失」を突き付けて、これを回避する方向に誘導しようという技法と考えられます。Aという選択肢をとって下り坂を駆け下りるリスクをとるか、Bという選択肢をとって安全な領域に入るか、どちらをとりますか、というわけです。

そうすると、たいていの人は「損失」は嫌なので、本当はAのほうが好ましいと思っていたとしても、そして、「損失」のリスクが本当は一万分の一ぐらいだとしても、ともかくこれを回避しようとして、Bのほうに誘導されてしまう。

「脅し」の技法として、ロジ（ロジスティクス）とサブ（サブスタンス）を組み合わせた形で表れるものもあります。それは、「間に合わなくなりますよ」というフレーズです。

これは、先述した時間を味方につける技法とセットです。たとえば、政府提案で法案を出そうという局面で、大臣と事務方との間で、その内容について折り合いがつかないといったことは時々あります。そういうとき、「今国会で法案提出して成立まで持っていこうとするなら、大臣がいわれているような内容で検討していたら、とうてい間に合いませんよ」などというわけです。

大臣としたら、法案の内容の検討も、いろいろな根回しなども、役所組織を使って動かさざるを得ないわけですから、これをいわれたら、とてもきつい。役所組織がちゃんと動いてくれず、法案ができなかったということになれば、大臣の政治家としての力量が問われかねません。「うーん、まあ、そういうことなら仕方ない。今回は、そちら（官僚）の方針でやろう」ということになります。

優れた官僚なら、ここで大臣の顔を完全につぶすことはしません。「大臣のご指摘はたしかにもっとも。ただ、今回は間に合いませんから、今後に向けての中長期的課題ということに」といった格好にして、ちゃんと顔を立てることも大事です。

官僚が政治家に怒鳴られる意味は──真柄

日程などのロジ面で「脅し」をかけられたらどうしようもないですね。政策の中身でどんなに負けない議論をしても、手続き面で時間がないといわれれば、どうしようもありません。だから、日程の段取りの主導権は、絶対に掌握しておく必要があります。これは政治任用で政府に入った人が、どうしてもやらなければならないことです。

時間の期限を短期間で設定すれば決定を急ぐことになり、どうしても結論は現状維持に落ち着きやすくなります。それは内容の是非の問題ではありません。

「脅し」の本質は、人々にとって嫌な「損失」を突き付けて、これを回避する方向に誘導しようという技法だというのは勉強になります。

「損失回避性」の応用編ですが、人々にとって最も嫌な「損失」は何に関するものでしょうか。おカネの損失でしょうか。私は、自分に対する「期待の損失」ではないかと思います。たとえば、日中関係においても、個人レベルではお互いの期待に応えることが「メンツ」を立てることであり、また信頼の基盤なのだと思います。

日本人はそもそも、期待に応えて頑張る民族だと思います。私の母は越後《えちご》長岡（新潟県長岡市）の出身ですが、私を叱るときには長岡弁で、「どーいんだて、せつーねよーだて」（どうしたの、お母さん切ないよ）という言葉をよく使っていました。これは子ども心に強烈に効きました。

原さんの話を聞いて、なぜ、この母の言葉が効果的だったのか、よくわかりました。親の期待を裏切って辛い思いをさせてしまったという「損失」の意識を、子どもに強烈に植え付ける言葉だったのですね。

自分に期待してくれている人を裏切り失望させているというのは、とても辛いこと。そこから期待に応えたいというプラスのエネルギーが湧いてくるのだと思います。実際、私が竹中大臣の政務秘書官だったとき、誰かを説得するときの切り札は、竹中大臣はあなたに期待をしている、その期待を裏切らないでほしい、という言葉でした。

ところで「脅し」の関連なのですが、官僚のみなさんが政治家に怒鳴られることもありますね。あれは説得術のなかではどう位置付けられるのでしょうか。

怒鳴られて褒められる官僚──原

読者のみなさんは、官僚と政治家の間で、実際にどんなやりとりをしているのか、あまり目にする機会はないでしょう。数少ない例が、民主党政権が行った「事業仕分け」かもしれません。蓮舫《れんほう》さんや枝野幸男《えだのゆきお》さんら国会議員が官僚たちを舌鋒《ぜっぽう》鋭く責め立て、答えに窮してしまう姿がテレビなどでも繰り返し報じられました。

このときのように、政治家が官僚を責め立てたり怒鳴ったりするというのは、民主党政権が「政治主導」のスローガンのもとに始めたわけではありません。昔から、自民党の部会などでも、大変よく見られました。というより、自民党には蓮舫さんたちよりもずっとドスの利《き》いた人たちがたくさんいて、もっと激しく怒鳴り散らす方々も少なくありません。

問題は、その先です。こうやって政治家たちにやりこめられたり怒鳴られたりした官僚たちは、すっかりしょげ返り、さらに役所に戻ると、「何やってるんだ」と上司らから叱責されているのでは……と思う人がいるかもしれません。しかし実際は、たいていの場合、まったく逆です。上司から「ああ、ご苦労さんだったね、よくやってくれたよ」とねぎらわれ、褒められているはずです。

なぜかというと、「政治家に怒鳴る機会をつくる」というのは、実は官僚のシナリオどおりだったりするのです。

概して議員の地元で反対の多い案件を押し通すような場合、議員としては、すんなりＯＫしては、地元に顔が立たない。そこで、思い切り怒鳴り上げる機会をつくってあげる。そうすると、議員は地元に帰って、

「俺は、〇〇部会で三〇分間怒鳴り上げてやったよ。まあ、今回は時間切れで仕方なかったが、『来年度は××市の事情に配慮して見直す』という言質《げんち》もとったから。これで何とか納得してほしい」

といえるわけです。地元の支援者たちも、「うちの先生がそこまでやってくれたことなら、仕方ないか」となる。

「来年度は……」云々《うんぬん》は、いろいろなバリエーションがありますが、留保を付ける、将来の

検討を約束するなど、ともかく何らかの形で「一定の譲歩は勝ち取ったよ」というセリフを与えてあげればいい。先送り戦術との合わせ技です。

こうしたケースでは、官僚は、「政治家に怒鳴られている」というより、むしろ「政治家に怒鳴らせている」のです。それで、シナリオ通りにうまく収拾するわけです。

誰かが褒めてくれると人間は──真柄

二〇代のときに先輩スタッフに教えてもらったことを思い出しました。私が大学を卒業して初めて社会人として勤めたのは新自由クラブの政策委員会室。よく役所の人から政策のレクチャーをしてもらったのですが、そのレクチャーが終わり役所の人が深々とお辞儀をして帰ると、先輩スタッフがいってくれました。

「真柄、よく覚えておけ。いまの人は深々と頭を下げて帰って行っただろう。でもな、頭を深々と九〇度以上下げたその瞬間に、俺たちに見えないように舌をペロッと出しているんだ。そのことだけは忘れるな」

それを聞いて以来、代議士に対して「実るほど頭《こうべ》を垂れる稲穂《いなほ》かな」を地で行くような頭の下げ方をする役所の大幹部を見ると、凄いと思って見てきました。それも、組織に戻れば褒めてくれる人がいるからこそできるのですね。ここは、いまの日本社会が、もう一度、学ぶべきところです。

営業の人が得意先で怒鳴られたら、会社の人が褒めてあげる。会社で父親が怒鳴られたら、家族が褒めてあげる。そうするだけで、日本の粘り強さが出てきそうな気がします。

『ハーバード流交渉術』の奥義――原

真柄さんも読まれていると思いますが、二〇年以上前から有名な『ハーバード流交渉術』という本（終章で詳述）があります。このなかのキーになる教えの一つが、「バルコニーにのぼれ」。つまり、相手をやっつけたい、あるいは相手が許せないといった感情的反応を抑え込み、客観的に情勢を見渡せる場所に自らを置け、ということです。

そうすることで、感情に乱されることなく、自らと相手の最善の利益実現に向けて、問題解決型の交渉ができるわけです。

官僚が、政治家に怒鳴られるシナリオを組み込むのは、この問題解決型交渉の究極の姿かもしれませんね。その場では不愉快かもしれないし、知らない人が見たら不名誉な姿と映るかもしれないけれども、最善の結果に導くために敢《あ》えてやってしまう。

これは、官僚の匿名性《とくめい》の持つ強みだと思います。逆の立場で、政治家にこの技法が使えるかといったら、絶対にできない。

政治家は、個人の名前を売っての人気商売ですから、「説明がダメで、怒鳴られていたよ」などという評判が立つことは避けないといけません。ところが、官僚の場合は、「○○課長」という役職の「××さん」という人だったとすると、仕事上の活動は、すべて「○○課長」さんのやったこと。「××さん」は関係ありませんから、個人としての感情などは一切抜きで、ひたすら最善の結果を目指せるわけですね。

もっとも、「最善」というのが、国民にとって最善なのか、その役所にとって最善なのか、という大きな問題はあるわけですが……。

「己は捨てて、結果だけを考えよ」――何か武道の極意みたいですが、これが、説得術の奥《おう》義《ぎ》ですね。

現場で指示を待っている人こそ――真柄

究極の奥義ですね。ところで、匿名の世界で己を捨てて仕事するといえば、政務秘書官も同様です。

大臣が交代するとき、秘書官室では、政務秘書官も仕事の引き継ぎをします。しかし、実際には、「引き継ぐことはありません。どうぞ思いきりやってください」といった類いの引き継ぎになります。

政務秘書官の任は特命であり機密に関わることだから、他の大臣の政務秘書官から奥義を引き継ぐことができない。奥義を代々引き継げる官僚と、奥義が一代で断絶する政務スタッフとの大きな差がここにあります。

そこで私は、いろいろな人にアドバイスをもらって助けてもらいました。ある秘書経験者からは、秘書仲間に助けてもらいたければ「甘えなさい」といわれました。

永田町の秘書は、頼りにしてくる人のために一所懸命がんばる人が多い。だから、助けてほしいと懐に飛び込めばいい、と。たしかに、みんな過酷な経験を経ており、その苦労がわかるから、助けてくれるのです。

そして、何かでその恩返しをしていく。永田町のなかで、一番の恩返しは「選挙で返す」こと。大臣が選挙のときに応援遊説に入ると、とても恩義に感じてもらえます（反対に敵陣営からは恨まれますが）。選挙の借りは選挙で返せ、などともいわれています。永田町というのは、そうした互酬性の世界です。

しかし、日々起こることに事後的にアドバイスをもらっていたのでは、とても仕事が間に合いません……。

そこでだんだん気づいてきたのは、現場で私の指示を待っている人こそが、私が何を指示すべきかを判断する情報を最もよく知っているということでした。

たとえば大臣の身辺警護にあたるSPと呼ばれる警護官は、いちばん政務秘書官からの指示や情報を待っている人ですが、経験や知識は、この人たちに決してかないません。だから、ある大臣が場所を移動する日程については、その移動のルートにどのようなリスクがあり、警護官はどのようなルートをとればいいかを考えており、その他にはどのような選択肢があって、かつその問題点は何かなど、彼らに詳しく聞いて判断していきました。

幸い政務秘書官には、大臣が会議中に、警護官と一緒に待つ時間がたっぷりあります。そこで詳しい打ち合わせができましたし、いろいろなことを教えてもらいました。

また、新聞記者についても、まず、何をしてほしいかを聞きます。その場合のリスクを考え、また、大臣サイドに立ったうえで、新聞記者と大臣の利益が両立できるギリギリのところを考えていきます。

しかし、使い方によっては悪いことも起きます。

現場で指示を待っている人こそが何を指示すべきかをいちばんよく知っているというのは、業界と監督官庁の関係にもいえるのではないでしょうか。東京電力福島第一原子力発電所に対する国会事故調査委員会も、規制当局が事業者の「虜《とりこ》」になっていたと指摘していました。

東電と保安院の大誤解――原

これは、指示を受ける人との関係によって違ってくるでしょうね。政務秘書官と警護官なら、これは同じ利益を追求するチームです。警護官は、万一のときには、政務秘書官を犠牲にして大臣を守るそうですから、ちょっとだけ微妙なのかもしれませんが。

こういうチームの場合は、立場を超えて協働したらよいと思います。どちらが指示する立場などという形式論よりも、いい結果を出すことが大事です。

一方で、東電と原子力安全・保安院の場合は、後者が前者を規制する立場。つまり、チームではなくて、一線を画さなければならない関係です。規制する側と規制される側が、馴《な》れ合って協働してしまったら、規制になりません。

これを、当事者たちがチーム関係と誤解して、安全規制などもみな一緒になってやってしまったところに問題があったのだと思います。

終　章　ハーバード流交渉術 vs. 官僚的説得術

ハーバード流交渉術で官僚は――真柄

この本を締め括《くく》るにあたり、先ほど原さんが指摘されたハーバード流交渉術と官僚的説得術を比較してみたいと思います。

ハーバード流交渉術とは、ロジャー・フィッシャーとウィリアム・ユーリーのベストセラー『ハーバード流交渉術―イエスを言わせる方法』(三笠書房)にまとめられたものですが、その主なポイントは、以下のようなものです。

①人と問題を分離する
②立場でなく利害に焦点を合わせる
③多くの選択肢のなかからお互いの利益になるものを選ぶ
④客観的基準を主張する

ハーバード流交渉術と、この本が取り上げた官僚的説得術には、対象者の性格に根本的な違いがあります。

ハーバード流交渉術が対象とする交渉者たちは、ある問題について利害関係を明確に持っていて、交渉の結果の評価軸も決まっている人同士です。そこで、相手の立場を理解し、できるだけ双方の共通の利益を見出し、双方が納得できる客観的基準をつくることにより、合意を形成しようとします。

前にも触れましたが、宮沢喜一さんは、日本人はユダヤ人と並んで、相手の立場に立って思考できる特徴があるといっていましたが、このハーバード流交渉術は、その点で、日本人に向いていているように思います。

ところが、官僚的説得術は、説得する側は交渉の結果の評価軸が決まっていますが、説得される側は、必ずしも説得の結果の評価軸が決まっていないのです。

ある問題について賛否が明確な政治家を見ると、賛成派二割、反対派二割程度で、残り六割は特に立場がない中間派というのが一般的な傾向だと思います。この中間派は、ある問題についての立場も利害もありません。

すべての議員がすべての問題に所与の立場と利害があるわけではありません。多数派を形成するうえで重要なのは、こうした議員です。まさに彼らに対し、交渉ではなく説得が行われます。ある問題に対する立場や利害がないからです。

よって、官僚的説得術のポイントは以下のようになります。

①人と問題を分離させない
②利害だけでなく立場にも焦点を合わせる
③選択肢を絞ってそれを選択させる
④参照基準をつくり上げる

①と②については第一章、③については第五章、④については第四章で言及してきました。一度相手の立場に立ったうえで、最終的にこちら側の立場や利益に合致するように誘導するのが官僚的説得術です。

なお、ハーバード流交渉術についての続編であるウィリアム・ユーリーの『【決定版】ハーバード流〝NO〟と言わせない交渉術』（三笠書房）に出てくる第三者を立てることの重要性は、官僚的説得術としては、本書の第三章「ガイアツ」の指摘に変化しています。

そして、本書の官僚的説得術にあってハーバード流交渉術にないもの、それが第二章の「タイム・プレッシャー」と第四章の「ポンチ絵」になります。

これは行動経済学でいえば、「タイム・プレッシャー」により分析的な判断の時間的余裕を奪って直感的な判断を迫りつつ、その判断に有効な手法として「ポンチ絵」を提示するということになります。

ハーバード流交渉術にこれらの要素がないのは、交渉当事者は共に明確な立場と利益を重視しているために、「タイム・プレッシャー」や「ポンチ絵」が通用しないからと考えられます。

原さんは、ハーバード流交渉術をどう見ていますか。

政治家と官僚の本当の関係が――原

この交渉術の本は、それこそ官僚になったばかりの頃に読みました。いろいろな交渉や説得の場面で、たいへん役に立った本の一つですね。

ただ、官僚と政治家の関係について考えると、残念ながら、この交渉術を利用できるような、成熟した関係になっていないのだと思います。

本来、官僚と政治家は協働関係にあります。両者で一緒に、よりよい政策を考え、追求していくべき立場です。その意味で、まさにハーバード流交渉術で示されているように、立場による争いや、化《ば》かし合いみたいなことはやめて、原理原則に立脚して、あるべき解決を共同で探るべきです。

ところが残念ながら、現状では、官僚は政治家を「何とかOKさせてしまおう」という説得のターゲットとしてとらえ、政治家の側はそれにすっかり乗せられていたり、逆に「だまされないぞ」と身構えて、変てこな「政治主導」を標榜《ひょうぼう》したり、です。これでは、まともな政策ができません。

とりあえずは、政治家の方々が、こうした官僚流の技法を理解して、おかしな議論をはねのけていくこと。そこから、政治家と官僚の本当の関係が生まれていくのではないかと思います。

人の根本的欲求を考えるのが基本——真柄

ハーバード流交渉術と官僚的説得術に共通していることは、相手の立場に立って考えること、特に相手の根本的欲求を考えていることです。その場で相手がいっている言葉だけでなく、その背後関係を見て、何がその人の根本的欲求かを考えているのだと思います。相手の根本的欲求を知るために、一緒に食事に行ったりして、人間関係をつくろうとすることも共通しています。

ハーバード流交渉術では、人間としての根本的な欲求として、身の安全、他者からの認知などを強調しています。これは古いタイプの官僚にもいえるのではないでしょうか。

まずは国家公務員の終身身分保障という特権を維持すること、そして、各省庁別の人事評価集団内での評判を重視するということです。ここに古いタイプの官僚の根本的欲求があると考えていいのではないでしょうか。

このように、人間は何を動機に生きているのかを考えることが、説得術の決め手になると思います。

一般に、経済学に登場する人間は、物質的・経済的な個人的利益を追求する存在で、その利益を実現する目的にふさわしい手段を講ずるという意味での合理性を持つ、と考えられています。これを経済人仮説といいます。そして、この仮説に反するような人間の非合理的な行動は、感情的なものとして扱われます。

その人間の感情的な側面の重要性に注目したのが、原さんがこれまで指摘してきた行動経済学です。経営学は、かなり早い段階から、人間が経済的な個人的利益以外を行動の動機としていることに着目していました。

そして、ハーバード流交渉術と官僚的説得術および悪徳商法に共通しているのは、人間は建て前としての目的を追求するだけの存在ではなく、様々な目的を達成するために合理的な手段を行使していると考えている点です。

私は、人間が建て前としての目的以外を追求することを、感情的という言葉で簡単に片づけてしまうことに間違いがあると思っています。そこに気づいた人が、交渉や説得を成功させているのだと思います。

そもそも、人間は情報処理する動物です。それは、人間が本能だけでは生存を維持できない動物であることを意味します。人間は自らの生存のためには、外部世界から「情況についての報《しら》せ」＝情報を入手し、予見をもって外部環境を変革し、自己も変革していく点に特徴があるともいわれています。ところが、人間の情報処理能力には限界があり、未来を予見することはできません。

そこで、情報処理の労力のかかる分析的部分と、労力のかからない直感的部分を合わせ持って情報処理をしています。

労力のかからない直感的部分を受け持って情報処理に使われるのがヒューリスティックス（理解を助けるために簡便化した手法）です。

たとえば、常識は正しい、肩書がよい人の判断は正しい、多数の人が正しいといっていることは正しい、高学歴の人が正しいということは正しい、などという判断です。官僚主導というのは、高学歴集団の官僚がいうことは正しいという、一種のヒューリスティックスだと思います。

ところが、これらヒューリスティックスでは正しい結論を導けないのではないかとの疑問が出てきています。人々は、複雑なものを複雑なまま受け止めて、情報処理に、労力、時間、コストをかけるか、新しいヒューリスティックスを求めるのか、のどちらかです。

前者に行けば、熟議型民主主義の成熟ということになるでしょう。後者の表れは、ワンフレーズポリティクス、劇場型政治などだと思います。ヒューリスティックスは代替可能です。

この本のはじめに、「究極のサービス業」としての官僚のサービス・スキルを学ぼうと問題提起をしました。「究極のサービス業」としての官僚のサービス・スキルの核心の一つは、ヒューリスティックスの提供にあります。

官僚主導というヒューリスティックスを否定して政治主導を確立するにはどうしたらいいのでしょうか。

逆ヒューリスティックス工作とは――原

政治家や経営者など、決断すべき立場にある人にとって大事なのは、直感でしょう。限られた時間のなかで、必要な情報だけはきっちり把握し、最善の決断をしなければならない。そのためには、真柄さんのいわれるように、それこそヒューリスティックスが正しく機能するよう、平素からいろいろな勉強や経験を積んで、感覚を研ぎ澄ませておく必要があるでしょう。

官僚主導というのは、政治家の正常なヒューリスティックスが働かないように、妨害電波みたいなものを大量に流す「逆ヒューリスティックス工作」がなされていて、これが奏功していた、と考えたらいいかもしれません。

政治主導というなら、まずは「逆ヒューリスティックス工作」を見抜いて無効化する技を身に付けることでしょうね。そのためには、相手の技法を知らないといけません。知っていれば、「あ、この技法を使っているんだな」と気づいて、冷静に考えられます。

これは、政治家に限らず、組織をマネージする立場の人に共通した課題かもしれません。

ソーシャルメディア時代の説得術――真柄

最後に、霞が関の説得術を超えていくスキルを考えてみたいと思います。

霞が関の説得術の核心部分はヒューリスティックスであり、ヒューリスティックスの否定または代替が、霞が関の説得術を超えていくスキルになります。

ヒューリスティックスが必要なのは、人間の情報処理能力に限界があったからです。このことには、人間の生活圏の拡大と情報コミュニケーション技術の発達とが密接に関わります。

情報コミュニケーション技術の発達により、双方向性、公開性、共有を特徴とするソーシャルメディアが普及しています。ツイッター、フェイスブック、ユーチューブなどです。

リアルタイムの中継動画は編集ができないので、真実を伝えるツールとして重視されています。そうしたツールを重視すると、誠実さを持つ人として信頼されることにつながると考えられます。

また、毎日のようにフェイスブックをアップしていれば、その人の考え方や志向もわかります。どんな友達がいるのかもわかります。フェイスブックは、短期間で信頼すべきかどうかを判断できるヒューリスティックスなツールだと思います。

参照基準は、ツイッターやフェイスブックでつくられていきます。

ツイッターは、不特定多数への宣言や他者を批判する攻撃的ツールの色彩があります。情報伝達の手段の基本は文字ですから、短期間で参照基準をつくる効果がありそうです。

これに対してフェイスブックは、特定の人との双方向性がより強く、他者を肯定する防衛的ツールの色彩があります。顔見知りの友達同士で参照基準をつくり上げていくのに適しているかもしれません。

大勢の人がフェイスブックなどで写真・動画・インフォグラフィックスを情報伝達の手段とし始めています。最初は趣味でアップしていた技術が、政治問題や社会問題で活用されるかもしれません。

双方向性、公開性、共有を特徴とするソーシャルメディアでは、それらが新しい公共性を持つようになります。そしてこの新しい公共性を持たなければ、信頼は得られないと思います。

在来型の公共性の担い手は、一方向、秘匿、専有を特徴とします。マスメディアや官僚は、一方向、秘匿、専有という性格から脱却できなければ、新しい公共性を獲得することはできないと思います。

公共空間においては、こうした新しい公共性を持つ人が説得力を持つことになるのではないかと思います。

さて、最後の最後に、説得術の恋愛への応用可能性について考えてみたいと思います。もしもこれが応用可能だとすれば、私の一〇代、二〇代の人生がまったく違うものになっていたかもしれません。

「恋」は、自分をいちばんよく相手に見てもらうための努力のようなところがあります。こういうプロセスは人生にとっても大事。自己向上心につながります。この段階にはヒューリスティックス（理解を助けるために簡便化した手法）が使えるように思います。

ところが「愛」は、相手のいちばん悪いところも受け止めてあげ、自分のいちばん悪いところを相手に受け止めてもらうという要素がある。これは「恋」とはかなり異質で、複雑なものを複雑なまま受け止めるということでもあります。これにはヒューリスティックスという要素が通じないのではないかと思われます。

大事なことは、複雑なことを複雑なままに、ということだと思います。

たとえば、複雑なものを複雑なまま受け止めるということは、今日どんな出来事があったのかという結論のない会話をじっと聞き、共感するということ。その共感するということが説得力になるという世界なのかもしれません。

複雑なものを複雑なまま理解するには、時間とコストがかかります。その時間とコストを惜しまない人が「愛」に向いているのでしょう。

そして、複雑なものを複雑なまま理解する時間とコストを惜しまない「愛」ある人は、悪徳商法の説得術に引っかからないのかもしれません。

さて、原さんへの最後の質問です。官僚の説得術は恋愛に応用できましたか。

官僚の説得術は恋愛にも効くか――原

これは、私の苦手分野で、まったく応用したことはないです。

官僚と悪徳商法の説得技法では、ヒューリスティックスの活用がたくさん出てきました。

たとえば、まわりの人に相談する機会を与えず、期限を短く切って、十分に判断できないままに決断させてしまう。これは、単発の説得技法としては有効です。

悪徳商法は明らかにそうですが、一回売ってしまえば、あとはどうでもいい。顧客が、あとになって「だまされた」と気づいても、もう目的は達しているわけです。官僚と政治家の場合は、政治家がだまされたと気づく暇がなかったりするので、長続きしているわけですね。

これを恋愛や結婚に応用できるかというと、これは相当厳しい。十分判断できない状況に相手を追い込んで、結婚まで持ち込んでも、だいたい破綻してしまうのではないでしょうか。

一般のビジネスでもそうですね。単発の取引ではだまし通せても、それで信頼を失ってしまえば、それまで。相手の会社とはもう取り引きするつもりがないとしても、「あくどい取引をやる会社」という評判は、ビジネス上のマイナスでしょう。

ですから、ビジネスや恋愛への応用ということを考えると、一般的には、ここまでお話ししてきた官僚や悪徳業者の説得術の多くは、応用できる技法は部分的に使いつつ、一方で、信頼関係を損《そこ》なうような使い方はしないという注意が必要でしょう。『ハーバード流交渉術』でいわれているように、駆け引きではなく、両者の利益を最大限実現するための問題解決型の交渉が王道です。

ただ、官僚や悪徳業者の説得術を知っておくことは大事です。これは、こうした技法にだまされないためです。

オフェンス用の技法としては注意を払いつつ使う。一方、相手がその技法を使ってきたときのディフェンス用に、すべての技法をきっちり理解・習得しておく、ということがよいのではないでしょうか。

そうしたオフェンス用の技法とディフェンス用の技法、そして一回きりではなく持続する関係のなかにおける説得術、常にバルコニーの上から冷静に全体像を見ながら説得する方法について、「補論」としてまとめ、この本を締め括《くく》ることにします。

補論　説得術の奥義

■オフェンス用（説得の要点）
①まず「信頼関係」を築け。
②相手に「よく考えてみる余裕」を与えるな。
③旗色が悪いときは「先送り」して、次のチャンスをうかがえ。
④「ガイアツ」（ほかの人の応援）をうまく使え。
⑤「数字」「具体例」「比較」をうまく使え。
⑥説得のトークは、相手に応じ、「オーダーメイド」で用意せよ。
⑦「選択肢」を示して、相手に選ばせよ。「おとり選択肢」を忍ばせて、相手を誘導せよ。
⑧相手に「損失のリスク」を突き付けよ。
⑨己は捨てて、結果だけを考えよ。

■ディフェンス用（だまされぬ要点）
①ちょくちょく訪ねてくる人には要注意（何か裏があるかも）。
②デッドラインを示されたら、疑ってかかれ（相手はこちらが考える余裕を奪うために示しているのかも）。

③将来の善処を約束されたら要注意（先送りしてうやむやにする意図かも）。

④「みんな同じことをいっている」というだけで信じるな（その人たちは相手とつるんでいるかも）。

⑤相手が「数字」「具体例」「比較」をいい出したら疑え（都合よく加工して使っているかも）。

⑥自分の興味あることをピンポイントで突いてくる相手には要注意（相手は説得術のプロかも）。

⑦「選択肢」を示されたら要注意（自分にとって最善の選択肢は、示された選択肢以外にあるかも）。

⑧「損失のリスク」を突きつけられても、あわてるな（リスクは実は一〇〇万分の一の確率かも）。

⑨相手をやっつけることより、実利を考えよ（相手は、やっつけられて実利をとろうという作戦かも）。

■一回きりではない関係での説得術

①信頼を得るために、相手に関心を持ち、相手の話を最後まで聞いて、相手のよいところを

心から褒める。

いまの時代、みんな自分のことに必死で、他人のことを思いやる時間がありません。どうしても、他人のことはヒューリスティックス（理解を助けるために簡便化した手法）で理解したがります。そうではなくて、複雑な事情を複雑なまま、相手の人を受け止めましょう。それが信頼関係構築の第一歩。

②決定には、物的証拠による事実認定に基づく熟慮と、熟議に必要な十分な時間をとる。下される決定は、新しい物的証拠が出てきて決定を変えるまでの間の暫定《ざんてい》合意と考える。

物的証拠による事実認定を判断の基準にしましょう。噂、自白、他人がつくった「ポンチ絵」だけを判断基準にしないように。そもそも人間には、短期に物事を決定するだけの情報処理能力はありません。せめて、十分な熟議をする時間をとりましょう。そして、新しい事実が見つかったら、決定を修正する余裕を持ちましょう。

③最も確実なヒューリスティックスは人格である。

人格者は、嘘をつかない、約束を守るために必死にがんばる、という確率はかなり高いと考えられます。私的欲望に負けそうな人には気をつけましょう。あなたとの約束以上に自己利益を優先する確率は、かなり高いと考えられます。

④判断基準を過去の歴史に見出す。過去―現在―未来を結んだ物語を自分のヒューリスティ

ックスとする。

――どんなに社会が変化しても、非常時の人の心の動きは、それほど変化しないと考えられます。判断の基準を歴史に求めましょう。また、過去の原因、現状認識、未来予想を物語としてつなぎ、自分なりのヒューリスティックスにしましょう。

⑤フェイスブック上で写真やインフォグラフィックスを用いて、現代の「ポンチ絵」を自分でつくる。

――フェイスブック上で写真を利用するなどして、自分なりの「ポンチ絵」をつくってみましょう。

⑥選択肢はすべての関係者が参加してつくり上げる。

――選択肢づくりの段階から参加することが合意の基本です。

⑦予想もつかない不確実性に対しては、アナロジー（類推）やパターン認識で対応する。

――非常時において、未来のことは複雑すぎて人間には予測できません。そういうときは歴史のなかに、アナロジーやパターン認識を求めましょう。

⑧相手が根底で欲しているものを与え、根底で不安・不満に思っていることを消す。

――何かの問題でミスをして、誰かに理不尽《りふじん》に怒られるとすれば、ミスはその人の怒りのきっかけであって、本当の原因ではないかもしれません。たとえば、怒りの本当の原因は、報告書の中身のミスではなく、お前は俺のところに顔を出さない、といったことかもしれません。本当の原因を冷静に考え、その原因に対する善処を始めましょう。

⑨個の利益ではなく全体の利益を考え、全体の利益の基盤の上で交渉する。

自分の利益を守ろうとすれば、相手はその欲心に付け込んできます。欲心こそ、相手に主導権を奪われ、だまされる原因です。欲心からではなく、全体の利益を考えることが、全体像を冷静に考える秘訣《ひけつ》です。

あとがき――究極はチームプレーの「説得術」（原英史）

まさか自分が「説得術」の本の著者になるとは、思いもしませんでした。

というのも、私自身は、口八丁手八丁で相手をいいくるめていくようなタイプとは正反対で、どちらかといえば、かなり口下手なほうです。この本の対談で、真柄さんに社交辞令で持ち上げられているところもありますが、決して「説得術」に長《た》けているとは思っていません。このため、本文を改めて読み直して、自分が「説得術」について偉そうに語ったりしている部分に遭遇すると、赤面《せきめん》する思いです。

ただ、真柄さんからこの本の企画を聞いて、私が多少なりともお役に立てるかもしれないと思ったのは、これまでの仕事のなかで、「説得術」に長けた人たちを数多く見る機会には恵まれてきたからです。

国の政策決定の現場では、数多くの関係者たちの利害が複雑に絡み合うなか、一見、大混乱しているように見えながら、予定していたタイミングに、予定どおりの結論にストンと落とし込む、魔法のような「説得術」をたびたび目《ま》の当たりにしました。

また、悪徳業者の取り締まりの仕事では、冷静に考えたら明らかにおかしな話に、決して愚かではない人たちがだまされていく「説得術」のすごさに、つい立場を忘れて、敬服してしまうことがありました。

このほか、通商交渉の現場、役所を離れて民間ビジネスの現場、それぞれの場面で、優れた「説得術」を操る人たちと接する機会が多々ありました。


こうした「説得術」の達人たちに共通していると思うのは、ひとたびゴールを定めたら、いかなる手段を講じてでも、そこにたどり着こうという強固な意志を持っていることです。

たとえば、本文でも触れましたが、官僚にとって、「政治家に怒鳴らせる」というのは常套手段の一つです。そのときは不愉快極まりないのでしょうが、それでもゴールが得られるならばいいと割り切ってしまう。これは、強固な意志なくしてはできないことです。

私自身は、残念ながら、そういうことは得意ではありませんでした。それどころか、若い頃、国会議員に無理な注文をされてブチ切れ、大問題になってしまったこともありました。そうやって感情に流され、ゴールを見失いがちな人は、残念ながら「説得術」の達人にはなれないでしょう。

また、達人たちに共通する行動パターンとして、手段にはこだわりを持たず、どんどん乗り換えていくということもあります。

たとえば、一〇個の成果を手にすることを目標として、当初は「二〇個の成果が必要」といって、ふっかけていたとしましょう。こうしたとき、当初は、「なぜ一五個では不十分で、二〇個必要か」というロジックを組み立てて、強力に主張します。

ところが、局面が進み、相手方が「一二個ではどうか」と提示してくると、達人たちの場合、当初あれほど強く唱えていたロジックをあっという間に捨て去り、「さっきまでの話はもういいですが、実は別の事情があって……」と言い出したりします。それで、さらに局面が進展し、思い通りに「一〇個」を手にできたりするわけです。

これも、実は私にとって、たいへん苦手なことでした。私の場合、どちらかというと、完全主義の職人的な気質で、いったんロジックを組み立てると、そこにどうしてもこだわりがちです。手段にこだわれば、ゴールへの到達は遠ざかる……ということは頭では分かっていながら、どうしても引きずられてしまうのです。これも、「説得術」の達人になるためには不利な気質といえます。

こだわりや美学を捨て、ひたすら冷静に結果に邁進《まいしん》する――「説得術」の達人とは、結局のところ、そういうことのできる人だと思います。

私自身は、いままで述べたような弱点があるため、おそらく、今後の人生でどれだけ頑張っても、「説得術」の達人の域に達することはないでしょう。

ただ、自分の弱みが分かっていることは、強みでもあります。自分が弱いところは、もっと得意な人に任せてしまえばよいからです。

「説得術」というのは、個人プレーで、すべて自分でこなさないといけないわけでもありません。チームをつくり、ロジックを組み立てる人、「ポンチ絵」を描く人、現場で折衝する人、それら全体をまとめて目標管理する人など、分業することも可能です。私の場合なら、現場折衝は苦手分野ですから、そこはほかの人にやってもらい、ロジックの組み立てなどの部分を担当したらよいわけです。

この本では、こうしたチームプレーでの「説得術」にまでは踏み込みませんでした。これは、まだ十分に実践を積んでおらず、私にとって、これからの課題だからです。

できることなら、この本の次のステップとして、真柄さんと「説得術」チームを組み、いろいろな人を説得して回るようなこともやってみたいものです。

最後に、この本の素材を提供してくださった、数多くの官僚、政治家、そして悪徳業者の皆さん方に、厚く御礼申し上げて、筆を擱《お》きます。

二〇一三年四月

原《はら》　英史《えいじ》

原 英史

元経済産業省官僚。政策工房代表取締役社長。1966年、東京都に生まれる。大阪府市統合本部特別顧問。東京大学法学部卒業、シカゴ大学ロースクール修了。1989年、通商産業省入省。2007年から渡辺喜美行政改革担当大臣の補佐官を務め、2009年に退職。著書には『官僚のレトリック―霞が関改革はなぜ迷走するのか』(新潮社)、『「規制」を変えれば電気も足りる』(小学館)がある。

真柄昭宏

元自由民主党幹事長特別秘書。アジアフォーラム・ジャパン(AFJ)政治・経済戦略センター所長。1961年、東京都に生まれる。1984年、一橋大学社会学部卒業。竹中平蔵経済財政担当大臣政務秘書官、中川秀直自民党幹事長特別秘書などを歴任。2011年、千葉商科大学大学院で博士号(政策研究)を取得。著書には『ツイッターを持った橋下徹は小泉純一郎を超える』(講談社)がある。

講談社+α《プラスアルファ》新書 616-1 C

官僚《かんりょう》が使《つか》う「悪徳商法《あくとくしょうほう》」の説得術《せっとくじゅつ》

原《はら》 英史《えいじ》 ©Eiji Hara 2013
真柄《まがら》昭宏《あきひろ》 ©Akihiro Magara 2013

2013年4月22日第1刷発行

発行者――鈴木 哲
発行所――株式会社 講談社
東京都文京区音羽2-12-21 〒112-8001
電話 出版部(03)5395-3532
販売部(03)5395-5817
業務部(03)5395-3615
装画――吉田雅博
デザイン――鈴木成一デザイン室
カバー印刷――共同印刷株式会社
印刷――慶昌堂印刷株式会社
製本――牧製本印刷株式会社

ISBN978-4-06-272802-7

講談社+α新書

日本は世界1位の金属資源大国
平沼　光
膨大な海底資源と「都市鉱山」開発で超高度成長が到来!!　もうすぐ中国が頭を下げてくる!
838円 562-1 C

日本は世界一の環境エネルギー大国
平沼　光
原発は不要!!　風力、宇宙エネルギー、地熱、メタンハイドレート――日本の資源が世界に!
838円 562-2 C

異性に暗示をかける技術 「即効魅惑術」で学ぶ7つのテクニック
和中敏郎
恋愛も仕事もなぜか絶好調、言葉と仕草の魔術 モテる人は永遠にモテ続ける秘密を徹底解説!
838円 563-1 A

ホルモンを制すれば男が蘇る 男性更年期克服最前線
桐山秀樹
イライラ、不眠、ED――その「衰え」は男性ホルモンのせい。「男」を復活させる最新健康法!
838円 564-1 B

ドラッカー流健康マネジメントで糖尿病に勝つ
桐山秀樹
経営の達人・ドラッカーの至言を著者が実践、「イノベーション」と「マーケティング」で糖尿病克服
838円 564-2 B

所得税0《ゼロ》で消費税「増税」が止まる世界では常識の経済学
相沢幸悦
増税で財政再建は絶対にできない!　政治家・官僚の嘘と世界の常識のホントを同時に学ぶ!!
838円 565-1 C

呼吸を変えるだけで健康になる 5分間シクソトロピーストレッチのすすめ
本間生夫
オフィス、日常生活での息苦しさから、急増する呼吸器疾患まで、呼吸困難感から自由になる
838円 566-1 B

白人はイルカを食べてもOKで日本人はNGの本当の理由
吉岡逸夫
英国の300キロ北で、大量の鯨を捕る正義とは!?　この島に来たシー・シェパードは何をしたか?
838円 567-1 C

東日本大震災に遭って知った、日本人に生まれて良かった
吉岡逸夫
東北地方からハイチまで世界67ヵ国を取材!!　「現場力」に優れた日本人が世界で一番幸せ!
876円 567-2 C

組織を脅かすあやしい「常識」
清水勝彦
戦略、組織、人、それぞれの観点から本当に正しい経営の前提を具体的にわかりやすく説く本
876円 568-1 C

「核の今」がわかる本
太田昌克
共同通信核取材班
世界に蠢く核の闇商人、放置されるヒバクシャ、あまりに無防備な核セキュリティ等、総力ルポ
838円 570-1 C

表示価格はすべて本体価格（税別）です。本体価格は変更することがあります

講談社＋α新書

大奥の食卓　長く美しく生きる「食」の秘密
緋宮栞那
徳川260年のあいだ、美と健康のために役立った食べ物とはなにか。大奥の智恵に迫る
838円 603-1 B

「感じが悪い人」は、なぜ感じが悪いのか？　人生に成功する7つのSYAコミュニケーション
松下信武
「感じの悪さ」は、人間の善悪とは無関係!! いい課長がいい部長になれないのはなぜか!?
838円 604-1 C

50歳を超えてもガンにならない生き方
土橋重隆
進行性ガンを数多く執刀した経験から出た結論⇩ガンの部位で生き方がわかる、「心」で治す!!
876円 605-1 B

アイデアを脳に思いつかせる技術
安達元一
藤本貴之 監修
才能はなく、努力も嫌い。そんなあなたの脳が洪水のようにアイデアを勝手に出す裏ワザとは
876円 606-1 C

お江戸日本は世界最高のワンダーランド
増田悦佐
生涯現役の高齢社会、超リサイクル生活、文化に散財、で豊かな人生を謳歌した江戸人に学べ
838円 607-1 C

人の性格はDNAで決まっている
中原英臣
佐川峻
血液型性格占いはもう古い。企業から軍隊まで導入するDNA性格診断を利用して成功する！
838円 608-1 C

「味覚力」を鍛えれば病気にならない　味博士トレーニングメソッド
鈴木隆一
高血圧の人はなぜしょっぱいものを好むのか。病気、老化、肥満の答えは「舌」が知っている
838円 609-1 B

スタイルエクサ3Kメソッド　50歳になっても20代の体型を完全キープ！
KEIKO
47歳、成人した子供が二人!! 下半身デブから究極ボディを得た秘密は肩甲骨・骨盤・股関節に
876円 610-1 B

こころ自由に生きる練習　良寛88の言葉
植西聰
「生き方」の本で多くの支持を得る著者が、知れば必ず人生が変わる良寛の言葉をやさしく解説
876円 611-1 D

日本の男を喰い尽くすタガメ女の正体
深尾葉子
現代日本の家庭生活を支配する「幸福幻想」に斬り込み「生きづらさ」の根源を究明する一冊
838円 612-1 A

ガリ勉じゃなかった人はなぜ高学歴・高収入で異性にモテるのか
明石要一
五〇〇〇人調査と日本を代表する一二人が証明!! 子ども時代の「学校外体験」が人生を決める！
838円 613-1 A

表示価格はすべて本体価格（税別）です。本体価格は変更することがあります